気持ちが楽になる
コミュニケーションの教科書

会話は共感力が9割

フリーキャスター
唐橋ユミ
Karahashi Yumi

徳間書店

はじめに

会話に自信がもてれば日々の生活に自信がもてます

みなさん、こんにちは。唐橋ユミと申します。

普段は、テレビ、ラジオを中心に、キャスターの仕事をしています。

キャスターとは、さまざまな人と会話をしながら、みなさまに、わかりやすくお伝えするというのが役割です。周りからは「会話のプロ」と言われます。

ですから、普段から会話の悩みの相談を受けることが多々あります。

「初対面の方と上手に話をしたいのですが……」

「会話が盛り上がらず途切れてしまいます」

「相手の話を引き出したいのに、何を質問していいのかわかりません」

はじめに

「人前で上手に話ができるコツはありませんか」
「目上の人や憧れの人の前だと、緊張して話が続きません」
「年配の方との会話がかみ合いません」
「職場の苦手な人と会話するのが億劫《おっくう》です」

正直に言います。私自身、人見知りで、訛《なま》りがあり、今も人の前で話をするときは緊張します。でもだからこそ、会話に対する悩みが身に染みてわかります。
そんな苦手なものばかりの私が、この仕事を続けてきたのは、人と会話をすること、その方と「気持ちのいい空気」をつくること、そして、その内容を伝えることが、大好きだからです。

自分の性格と、自分が好きでやりたいことのギャップ。
それは、多くの方が悩まれる壁ですよね？
私も、その壁を越えようと、試行錯誤をしてきた一人です。
その過程でわかったことは、ちょっとしたヒントを基に、コツをつかむことができると、一気には無理でも、小さな壁から乗り越えることができ、それはやがて大きな壁を乗り越えることにつながるということです。

そして、私が、キャスターという仕事を続けてこられたのは、話をすることよりも、話を聞くことに力を注いできたからだと思っています。

なかでも、いちばん意識していることは、相手の話をただ聞くのではなく、相手の気持ちに寄り添うことを意識する、「共感力」です。

そこには難しいテクニックや、天賦《てんぷ》の才はいりません。意識すれば誰にでもできてしまうささやかなことです。

それができていれば、相手との間に「信頼という空気」が醸成され、会話は成立していきます。

その信頼という空気があると、人間関係も180度変わっていきます。

「会話」は、仕事のみならず、人生の大半を占める大きな要素です。

だから、会話に自信をもてるようになると、おのずと日々の生活にも自信がもてるようになり、そうなると、人生も好転していきます。

それは、地方のテレビ局の契約アナウンサーから出発したコンプレックスだらけの私自身が、身をもって実証しています。

本書では、私がインタビューや取材のなかで、知ったこと、気づいたことのほか、コミュニケーションが円滑になるヒントを、成功例はもちろん、思い出したくない失敗例も交えながら綴っています。

ですが、いちばんお伝えしたいのは、会話やコミュニケーションのベースになる、「共感力」の生かし方、高め方です。

なぜなら、それは、会話やコミュニケーションのみならず、人生に好影響を与えてくれる、人の生き方そのものだからです。

「共感するには息苦しさを感じる」という方もいるかもしれません。

たしかに、相手の想いを汲みすぎることで、自分がその想いを背負ってしまい、苦しむこともあります。

東日本大震災が、ふるさと福島を襲ったときのことです。

「今も苦しんでいる人がいるときに、自分はこんなに笑っていていいのか」と罪悪感にかられ、大事な自分の生活を見失い、苦しんだ方々がいました。

日々のニュースを自分事としてとらえ、他人の痛みや苦しみを想像することは、とても大切なことです。

ですが、必要以上に感情移入してしまい、相手に自分の心の波長まで合わせることは、共感ではなく「同調」です。


本書は、そのような同調ではなく、相手の気持ちを想像して、自分の距離感で寄り添う「共感力」を、育てて、生かすことを目的としています。

別の言葉で言えば、「ほかの人と協調はするが、むやみに同調はしない」という意味を表す、論語の「和して同ぜず」でしょうか。


押し付けるつもりもありませんし、すべてが正解とも思っていません。

あなたの人生の主役は、あなた自身ですから！

ですから、ぜひ、リラックスしてお読みください。
そのうえで、みなさんの会話に、みなさんの人生に、一つでも役立つことがあるのならば、著者としてこれ以上の喜びはありません。

唐橋ユミ

Contents

第1章 共感力を生かした【聞き方】

第2章

共感力を生かした【話し方】

第3章

共感力を育む【生活習慣】

第4章

共感力を育む【心の整え方】

第1章

共感力を生かした【聞き方】

01

会話のスキル以前に大切なこと

日々の生活のなかのさまざまな場面で、私たちは、毎日誰かと「会話」をしています。会話はコミュニケーションのベースとなるものです。

「聞く」「話す」。ただそれだけのことなのに、本当に難しいですよね。

そのことは、テレビやラジオを中心に、言葉をあつかう仕事を20年以上してきた今も、日々、痛感していることです。

もともと、故郷、福島の放送局で契約アナウンサーとして5年間働いたあと、30歳を目前に上京しました。

現在は、日曜朝のTBS系「サンデーモーニング」のほか、バラエティ番組や大相撲の番組をはじめ、TokyoFMの「NOEVIR Color of Life」のパーソナリティー、NHKラジオ第1の「イチ押し　歌のパラダイス」では作詞家の売野雅勇さんとDJを担当しています。

また、最近では、歌手デビューまでさせていただき、さまざまな仕事に挑戦しているところです。

ですが、私自身、人見知りで、会津地方の訛りがあり、緊張しやすく、華やかなルックスも、残念ですがもちあわせていません。

自分からセンターに躍り出たり、ひな壇の芸人さんのようにグイグイと発言していくようなことは、今も少し苦手です。

そんな苦手ばかりの私だからこそ、スキル以前に大切にしていることがあります。

それは、相手の気持ちに寄り添う、共感するという、「共感力」です。

仕事でさまざまな方とお話しさせていただくときには、心を通わせ、一緒にその場の空気をつくり上げていくことを第一に考えています。

６年前、初の自著『わたしの空気のつくりかた　出すぎず、引きすぎず、現場を輝かせる仕事術』（徳間書店）を上梓し、それを読んでくださったコミュニケーションに悩みや不安をおもちの方々から、こんな感想が寄せられました。

「初対面の方と上手に話をしたいのですが……」
「会話が盛り上がらず途切れてしまいます」
「相手の話を引き出したいのに、何を質問していいのかわかりません」
「人前で上手に話ができるコツはありませんか」
「目上の人や憧れの人の前だと、緊張して話が続きません」
「年配の方との会話がかみ合いません」
「職場の苦手な人と会話するのが億劫です」

このような悩みに比例するように、世の中には聞くことの大切さを説いた本があふれています。それは「聞く」ということが簡単に実践できることではない、という表れなのかもしれません。

実は難しい、「話をよく聞く」ということ。誰しも、話を遮られたり、最後まで聞いてもらえず、イライラしたりした経験があると思います。

「で、結論は？」「話のオチは？」と先を急ぐせっかちな人。

「いや」「でもね」と必ず否定から入ってくる人。

そのような人との会話は、とても疲れますし、できれば避けたいところです。

逆にいえば、人の話をよく聞く人の周りには、自然と人が集まりますよね。

やはり、きちんと話を聞いてもらえると、誰もが自分を認めてもらえたという嬉しい気持ちになります。

私が話を聞くときに、いちばん大事にしていることは、相撲やスポーツなどでもよく使われる「心・技・体」ならぬ、「心・疑・態」です。

○ あなたに関心がありますの「心」

○ 小さな疑問をおろそかにしない「疑」

○ 先入観にとらわれない態勢の「態」

あなたに興味がある、関心があるという「心」の温度は、必ず伝わります。

たとえば、「あなたのことをとても理解しています」と言葉で告げるよりも、相手に真剣に聞いている姿を見て感じてもらうほうが、言葉よりも伝わることがあります。

具体例を見ていきましょう。

①「心」　嘘をつかない

これは、プロインタビュアーの吉田豪さんも、おっしゃっていました。

実際、正直な反応や言葉が、空気を変えることがあります。

歌手の平松愛理さんにインタビューしたときのことです。

最初はプロデューサーに才能がないと言われ、曲もなかなか受け入れてもらえない日々が続くなか、やっと認められてデビュー曲が決まったそうです。「はじめは片方のイヤホンでしか聴いてくれなかった」など、プロデューサーの冷たい態度の話題のときは、平松さんと一緒になって不快な表情になり、「曲が採用されたときに初めてお茶が出てきたのよ」というエピソードのときには、思わずガッツポーズが出て、私も一緒に喜びました。

そんな私の正直なリアクションがツボにハマったようで、その後は「この話は初めてしたかも」と言いながら、初出しのお話もしてくださいました。

ただ素直に、正直に、話しやすいように真摯にお話をうかがっていたら、童話

『北風と太陽』のように、自然と心のコートを脱いでいただけた瞬間でした。

②「疑」　その人を「もっと知りたい」と思いながら質問を重ねていく

聞き手の態度は、話し手の態度を決めます。

最初から経験豊富だった人はどこにもいません。そう思うと、聞いてみたいことがあふれてきます。

この人はどんな人生を送り、転機はいつだったのだろう？　落ち込むときはあるのかな？　前のめりに「あなたのことをもっと知りたい」という心で質問を重ねていくうちに、相手もどんどん乗ってきて、会話の好循環が生まれます。

③「態」　うまくまとめようとしない

聞き上手な方は、早飲み込みをしたり、先回りして結論を出したりしません。

私にも、「つまりこういうことですよね」とうまくまとめようとして、失敗した苦い経験があります。

ある著名な脚本家にお会いしたときの話です。

「さすが、言葉のセンスが抜群ですね」と褒め言葉をかけました。すると、

「そういうことじゃなくて、私は心で書いているんですよ！」

と言われてしまいました。「脚本家だから言葉のセンスがいい」という褒め言葉でうまくまとめたつもりでしたが、「安易な言葉で適当にまとめるんじゃないよ」という相手の心の声を感じ、後悔しました。

このことは、今も教訓として胸に残っています。

大切なのは、相手に対して興味、関心をもち、尊重することです。つまり、共感する力、「共感力」なのです。この共感力さえ意識できれば、あなたはコミュニケーション力向上のステップの第一歩を踏み出せたも同然です。

ヒント
01

「心・疑・態」を中心に、
共感力を意識しましょう。

02

初対面の人と会うときのポイント

初対面の方との会話は、誰しも緊張するものです。もちろん、私も一緒です。とくに、まだ若い頃は、インタビューする前に妙に緊張したり、お腹の調子が悪くなったりしたものです。

「これはいったい何が原因なのか？」

あるとき、真剣に考えました。そして、思い当たる節をいろいろ探した結果、ある結論に至りました。

それは、「相手に自分を良く見せようとするから」ということでした。

パーソナリティーを務めているＴｏｋｙｏＦＭのラジオ番組「NOEVIR Color of Life」では、さまざまな分野の一流の方々に毎週インタビューさせていただいています。初対面の方とは、正直、お会いするだけで緊張します。ですが、あらためて、いちばん緊張しているときを冷静に見つめてみました。

すると、ゲストの方との会話中に、「〇〇って知ってますか?」と聞かれたときに、知ったかぶりをしたり、聞いたことがある体で話を進めたり、ボロが出ないように話を取り繕《つくろ》ったりしているとき……。

そんなときがいちばん緊張していることに気がつきました。勉強をしてるなと思われたい。前向きな人だなと思われたい……。つまり、自分を必要以上に少しでも良く見せたいと思ったとき、緊張感が増して、かえって距離を置きたいと感じていたのです。

良い印象をもってもらいたいというのは自然な感情ですが、行き過ぎるとストレスになります。それに気がついてから、初対面の方とも接するのが楽になりました。

もちろん、ご存命の頃の野際陽子さんや、女優の草笛光子さんといった、人生の大先輩にインタビューをしたときなどは、さすがに緊張しました。

ですが、会話のなかで「実力以上に盛った自分を見せることをしない」ということをマイルールにしたら、番組もやりやすくなりました。

今はもう、「自分の恥ずかしいところも全部出しちゃえ！」という境地です(笑)。

そうしたら、すごく楽になり、リアクションもしやすくなりました。

もう一つ、マイルールになったきっかけがあります。それは、スポーツコーナーを担当しているＴＢＳ系の「サンデーモーニング」での一コマでした。司会進行役の関口宏さんから質問されたときに、すぐに答えられず、自分が調べた資料を探りながら「ちょっと待ってくださいね」と言ってつないだことがありました。

自分の準備不足に「やってしまった……」と落ち込みましたが、そのときに、視聴者の方から「ああいう場面、いいです。すごく正直で。わからないことはわからないというのが」というコメントをいただきました。

番組としてはイマイチですが、「そういう姿勢が共感されることもある」「不器用でも正直でいることが褒められることもある」という気づきになりました。

今はインタビューのときに知らない事柄があると、「それ何ですか？」と聞くようにしています。観ていない作品があったら、「ごめんなさい、それ観ていないんですけど」と、正直に申告しています。もちろん、できうるかぎり下調べをしたうえで、ではありますが。

さて、「実力以上に盛った自分を見せることをしない」というマイルールがあったとしても、初対面で相手の懐に飛び込むのはなかなか簡単なことではありません。

いわゆる「つかみ」を用意するなどして、その場の空気に飲まれず、自分からその場の空気をつくるくらいの工夫も、ときには必要です。

仕事のなかで、企業の社長との対談がよくあります。自信たっぷりに話をする方もいれば、こちらにまで緊張が伝わってくる方もいます。

どちらにしても、その空気に飲まれないようにしなければなりません。

ある社長との対談のときです。

その方は、「相撲観戦が大変お好きだ」という情報をあらかじめ得ていました。

そこで、テーブルに用意されていたペットボトルを、ご本人の近くにもっていき、

「力水（土俵に上がるときの清めの水）でございます」

と言いました。どのような反応が返ってくるのかドキドキしましたが、

「アハハ、相撲を見たりするのですか？」

との返答がありました。そこから力士の話を導入にして、本題の会社の話に進めていきました。

つまり、相手の興味を刺激して、場の空気を変えるという技です。


せっかくなので、私ではなく、諸先輩方の例もご紹介いたします。

一見恥ずかしがり屋のやくみつるさんは、独自の術をおもちでした。

雑誌企画で、大相撲の座談会でご一緒したときのことです。ご挨拶を終えると、

「あの……これにサインをお願いできますでしょうか……」

と言いながらカバンからゴソゴソと取り出したのは、なんと私の初めてのグラビアが掲載された週刊誌でした。

「えっ、はい！　これは……何年前のものですか!?」

と、思わず動揺してしまいました。

やくさんコレクションといえば、とくに大相撲関連のお宝グッズが有名ですが、やくさんのサービス精神と心遣いが染み入りました。

経済評論家の森永卓郎さんも、同じようにサインをリクエストしてくださいました。ただし、そのとき差し出されたのは、「からしのチューブ」。

「からし、からし、からはし……」。

そのつかみが成功か失敗かはさておき、私に大きなインパクトを残しました。

私も、大ファンだった当時の魁皇《かいおう》関（現・浅香山親方）にインタビューした際に、手作りの似顔絵うちわを持っていったことがあります。

また、料理評論家の服部幸應先生に番組へゲストで来ていただいたときには、10年以上前に買って自宅にあった本を持参し、サインをしてもらったことも。「なん年前の本だよ！」と驚きながら、大変喜ばれました。

ほかにも、さり気なく、何かその方に関するモノがあったら、なるべく身に付けたり、持っていったりするようにしています。

しかし、使えるグッズが必ずしもあるわけではありません。

そこでおすすめなのが、ブログやインスタグラム、ＳＮＳなどを事前にチェックして、ご家族やペット、料理などを話題にしていく方法。
新型コロナウイルスの流行を機にユーチューブで動画配信をする方も増えたので、こちらも要チェックです。滑るリスクは少なく、話を広げやすいので、みなさんも実践してみてください。

ヒント
02

緊張の種類を見極めて、
自然体で懐に飛び込んでみましょう。

03

印象がまったく変わる座り方と視線の位置

話し方講座でも、マナー研修でも、「相手に与える印象を良くしたいなら、まずは姿勢を良くすること」だと教わります。

挨拶のときのお辞儀や、立ち姿を意識したことがある人は多いと思いますが、座ったときの印象をきちんと意識したことはありますか？

デスクワークのとき、打ち合わせのとき、会議のとき。意外と座って対応することが、ビジネスシーンでは数多くあります。

そして、食事やお茶など、プライベートで誰かと接するときにも、私たちは多くの場合、座って人と接しています。

美しい座り方を心がけると、あなたの印象がぐっとアップし、人間関係が円滑になったり、良い取引につながったりします。

私たちキャスターも座ってする仕事ですから、日頃から座り姿には注意を払っています。私が意識している美しい「キャスター座り」のポイントは次のとおりです。

○椅子に深く腰掛け、骨盤を立たせる

椅子には深く腰掛け、お尻を背もたれに密着させる。そして、坐骨に左右均等に体重がかかるように座ると骨盤が立った状態になります。

○背もたれには寄りかからない

背もたれは使わずに、背筋をまっすぐ伸ばして胸を張って座りましょう。このとき、脇を締めて手は前で組むようにしておくときれいです。

○頭は天井から吊るされているイメージで体の中心に

頭が前に出ていると顎が突き出しているようになり、やや見苦しい印象です。頭のてっぺんを天井から糸で吊るされているイメージで、頭を体の中心にします。

○ 膝下はまっすぐ、足の裏は地面につける

膝の角度は90度を意識しましょう。足先がまっすぐ前を向き、足の裏が地面についているように。斜めに足を流す場合は、膝をそろえてください。

○ 肩を丸めない、すくめない

肩を丸めると猫背になるのでやめましょう。パソコン仕事をしていると肩に力が入り、すくめた状態になって首が短く見えてしまいます。

この美しい姿勢を基本としています。

そのうえで、「あなたの話を聞いていますよ」＝「共感していますよ」というメッセージを伝えるために、少し前のめりに座って、大きめに相槌を打っていくと、印象が高まります。

次に、人の話を聞くときの視線についてのお話をしましょう。

まずは質問です。あなたは人の話を聞くときに、どこを見ていますか？

たとえばカフェで話をしていて、向かい合っているのにチラチラと目が泳いでいる人、いますよね？　全然こちらに集中してもらってないな、と悲しくなります。「聞こえている」と「聞いている」は似て非なるものです。適度な頷《うなず》き、相《あい》槌《づち》、微笑み、視線など、「聞いてますよ」のサインがないと、話し手は孤独になります。

でももしかしたら、ものすごくシャイな方や、緊張してしまう方には、教科書どおりに相手の目を見て話を聞くということ自体、なかなかハードルが高いのかもしれません。

マナー研修などではよく「人の話は目を見て聞きましょう」と言いますが、ずっと相手の目を見ている必要はありません。

大事なのは、相手の目を見る時間の割合とタイミングです。

その人のキャラクター、個性を読み取りつつ、相手が間をあけたときや、相手の視線が自分に向けられたときに、アイコンタクトを取るように視線を合わせていくと、「あなたの話を聞いています」と伝わります。

仕事でも番組アシスタントをやっていると、ゲストの方がメインパーソナリティーにばかり視線を送り、こちらをいっさい見ないで話し続けることも多くあります。

しかたがないことですが、そんなときは寂しくなります。

逆に、ゲストの方が私にも目を配ってくださると、嬉しくなります。単純ですよね。でも、人は単純なのです。ですから、ゲストの方とマネージャーさん、メインMC（司会者）とアシスタントが並んでいる場合、私は両方に目を配るようにしています。

ぜひ、話を聞くときの座り方、姿勢、視線の位置を意識して、「あなたの話を聞いていています」＝「共感しています」とメッセージを発信してみてください。きっとあなたの印象がアップするはずです。

ヒント
03

「キャスター座り」の基本を守りつつ、視線は量より質を意識しましょう。

04

リモート会議にも有効なリアクション

みなさんは、ノンバーバル・コミュニケーションという言葉をご存じですか？

コミュニケーションにはバーバル（言語）とノンバーバル（非言語）があり、好感度はノンバーバル・コミュニケーションによって、知らず知らずのうちに判断されているそうです。

数年前から学術的にも注目されているノンバーバル・コミュニケーションとは、表情や服装、リアクションが該当します。

心理学者によると、人の好感度を判断する基準の50％以上が、表情によるものといわれていて、好感度を上げたいと思ったら、日常のちょっとした表情や仕草に注意するほうが、言葉遣いを修正するよりも効果が高いそうです。

私が最初にノンバーバル・コミュニケーションを知ったのは、新聞記事だったと思います。

それから関連書籍もいろいろと読むようになると、「あれ？　これって、私たちが普段やっていることだ」と気がつきました。

普段から私たちは、テレビで編集しやすいように、ワイプで抜きやすいように、声より表情で伝える、ノンバーバルなリアクションを心がけています。

「んー」とか「へー」とか、言葉ではなくても共感が伝わる声を挟んだり、頷きをゆっくり大きく、または「ウンウン」と、早く小さく頷いたり、頷きの大きさやスピードだけでも表現できることがあります。

バーバル、ノンバーバルにかかわらず、人の話を聞くときの基本は、まず楽しそうに聞くということです。

それをノンバーバルで表現するなら、ちょっと驚いたときには口に手を当てたり、後ろにちょっと下がって、驚いたリアクションを大きめにとったりしています。

椅子に座っていたら、背もたれにくっついちゃうくらい驚いてもいいですし、眉毛を「ええ？」と動かして驚くのもいいでしょう。

面白いときは、普通に正面で笑うのではなくて、顔を下げて「くくく」と笑うこともあります。

それだけでも十分、「私はあなたの話を聞いていますよ」＝「あなたに共感していますよ」という気持ちが伝わると思います。

話が盛り上がってきたときには、「ん？」と背筋をピンと伸ばしてみたり、歯を見せて笑ったり。

真剣な話のときは、口を強めに閉じてみたりするだけでも、「この人はちゃんと聞いてくれているから、もっと話してみよう」という気持ちになります。

リモートワークで画面上のコミュニケーションが増えた今、ノンバーバルなリアクションを強化しておくと、コミュニケーション力は確実に上がります。

コミュニケーションとは、自分の伝えたいことを伝える場ではなく、違った価値観をもった人と出会って、理解していくことが基本だと思っています。

いつもゲストの気持ちを理解しようと努めたうえで、相槌を打っていきたいなと思っています。

人の話を聞くときにも、言葉を多めに挟んで引き出すバーバルな人と、まったく言葉を発しなくとも、十分にその人の話を引き出すノンバーバルな人がいます。

どちらが優れているではなく、どちらもある、ということです。

質問を投げかけたり、同意を示したり、確認したりするのも、相槌の一つですし、お笑い芸人さんのように、ゲストの話に突っ込む、というやり方もあります。その人の立ち位置、役割によっても、どの方法を選ぶかは変わってきます。


以前、永六輔さんは、ラジオ番組にゲスト出演してくださったときに、こう言っていました。

「アシスタントこそ主役なんだよ。アシスタントを添え物みたいに言う人がいるけれど、現場を陰から支えているアシスタントこそ、主役なんだよ」

本当にありがたく、嬉しいお言葉でした。

自分が必要とされていると思うと、パフォーマンスも自然と上がりますよね。

雄弁な人だけが、主役ではありません！
リモートワークでもそれ以外でも、ぜひ、ノンバーバル・コミュニケーションを磨いて、あなたの好感度を上げてください。

ヒント04

意識的にノンバーバル・コミュニケーションを試してみましょう。

05

相手の本心を引き出すためには

現代人は、「待つ」ということができなくなってきているそうです。デジタルツールが発達し、欲しい情報にすぐアクセスできることに慣れてしまった私たちは、会話でも、仕事の成果でも、メールやLINEの返信でも、何に対しても待てなくなって、我慢ができなくなっていると言われています。

私は、ぼーっとしている時間は「無駄な時間」や「時間の浪費」ではないと思います。先のことを効率よくやろうと考えすぎて、「今」をおろそかにするのは、本末転倒ではないでしょうか。

そういえば、5時間、人を待つ経験をしたことがありますが、会っているときよりも、その人のことを考えた時間だったなあと記憶しています。

私は、インタビューしていても、すごく言葉を選んで、じっくりと話してくれる方が好きです。とくに「うーん」と黙って考えながら、あきらめずに最後にちゃんと答えを言ってくれる方に好感をもってしまいます。

だからなのか、私は待つタイプです。時短の時代だからこそ、「待つ」ということが強みにもなると、最近はより感じています。


たとえば、友達と夏休みの話をしていたときのことです。

「夏休み、どこか行った？」

「高尾山へ行ったんだ！」

そのときにこちらから、「高尾山は、夜、景色がきれいなビアガーデンがあるじゃない？　あそこ行ってみたいんだよねー」と、自分の気になるテーマで話し始めないようにしています。

相手がどのテーマで話したいかがまだわからないので、最初は「うん」とちょっと頷く程度にします。そして、「何をしたの？」と返すことが多いですね。

その人が食事のことを言いたいのか、景色のことを言いたいのか、良い出会いがあったことを言いたいのか、いろいろあると思います。

近しい間柄ですと、ついポンポンと話しがちですが、そこは相手が話したいことを話し始めるまで、待つ姿勢が大事です。ここで待てると、相手を大事にしていることがより伝わり、友達のなかであなたの株は間違いなく上がります。

あるスポーツ選手は、言葉を選びながら回答するタイプでした。だから、試合後のミックスゾーンのような、たくさん記者が矢継ぎ早に取材をする場面では、「時間がないよ」「あいつは頭悪い」と言われていました。

マスコミは「撮れ高」を気にして、早くてキャッチーなものを拾おうとしがちです。でも、もし自分がインタビューされる側になったら「これ、すごいですよね」とひと言で表現したくないことや、みんなが言っている、世の中で使い古されている言葉で表現したくない、とこだわる気持ちもわかります。

どうしても「いいね」「すごいね」のひと言でおしまいにしがちですが、それを自分の言葉で説明したい気持ちもわかるので、そういう方には「待ちますよ」という姿勢でお話を聞くようにしています。

今のマスコミは、キャッチーな言葉を言う人ばかりを、尺にうまく収める言葉を言う人ばかりを、求めすぎのような気がします。

「ここから三連戦！」と絶叫系アナウンスをすることで、アスリートは「頑張ります！」「最高です！」と、定型文のようなコメントに誘導されてしまいます。

本来のその方はそうでなくても、とても薄っぺらに感じられるコメントを強要しているようで、見ていて申し訳なく感じてしまいます。

こんな時代だからこそ、やはり、間を待ちながら、その奥にある言葉を拾っていきたいものですよね。

福島のアナウンサー時代には、いろいろなところに行って、いろいろな方にお話をうかがいました。

福島の人は、どちらかといえば控えめな方が多いので、一般の方々ですと、なかなかインタビューで使えるような言葉がすぐには出てきません。

しかし、伝えたいことがないわけではは、けしてないのです。

あるときは、取材ではきちんと答えられなかったからと、後日、びっしり長文のメールをいただいたこともあります。

そんな福島時代の経験も、待つことを大切にするベースになっていると思っています。

大女優さんたちから「間」について勉強させていただくこともあります。草笛光子さん、浜木綿子さん、八千草薫さんたちは、お話ししているときの相手を引き出す「間」に、思わず聞きほれてしまう素晴らしさがあります。

話される日本語も、優雅で、丁寧で、美しさがありつつ、待っていてくれているという安心感と「間」を感じます。

もちろん、テンポのいい掛け合いをなさるときもあるのでしょうが、そういった「間」を身につけることができたらと思います。

みなさんも、一度立ち止まって、「待つ」ということを体験してみてください。ゆっくりでいいから、自分の言葉で言いたいことを表現する癖をつけておくと、それは聞く力にも、伝える力にもなると思います。

ヒント
05

待つことを意識して「間」を使えると、
相手は自然と心を開きます。

06

苦手な人、場が凍ったときの対処法とは

人間誰しも、苦手な人がいると思います。ストレスの９割は人間関係といわれるように、なかなか一筋縄ではいかないテーマです。

極力かかわりたくない。できるだけコミュニケーションを最小限にしたい。そんな相手とのコミュニケーションにおいて大事なのは、相手の癖をよく観察しておくことです。そうすることでトラブルが起こる前に対処法を予測できます。

たとえば、余裕がなくなると、いつもはそんなところを注意しないのに、相手のわずかな落ち度を厳しく非難してくる人がいます。

八つ当たりのように重箱の隅をつつかれても困ってしまいますよね。これは、相手に対する依存です。

こんな相手に言い返しても、さらに、事を荒立てられて疲れてしまうので、「あっそう。今日はそういう感じなのね」と心のなかで切り替えて、極力無駄な

接触を避けることがいちばんです。

でも、どうしても仕事で顔を合わせなくてはならないこともありますよね。

そのようなとき、あなたならどうしますか？

相撲の技のように華麗にいなすことができれば良いのですが、私はそのようなとき、無理にでも笑顔をつくるようにしています。

少しでも気持ちを上向きにするために、口角をぐいっと引き上げるのです。

見た目には引きつっているかもしれませんが、笑顔をつくり、そして声を出します。できるだけ明るく、ゆっくりしたトーンで。

「声を出すと元気になります。単純なことかもしれませんが、これが本当なんです」

「うる星やつら」のラムちゃんの声優としても有名な平野文さんが、ラジオでこんなことをおっしゃっていました。これは本当に心を軽くする効果があります。

アドラーの心理学ではよく、「行動に心がついてくる」と言います。

不安なとき、悩みがあるとき、「まあいいか」を口癖として言い続けると、そのうちに脳が「まあいいか」と処理するようになるそうです。人間の心身は、たくましく、面白いですね。

嫌いな人や苦手な人が、まったくいない状況をつくることはなかなか難しいですが、自分を上手にコントロールすることで、気にしないようにすることは可能です。

つまり、苦手な相手を変えることは難しいですが、自分のマインドをコントロールする術を身につければ、回避率が高まるということです。

自分が苦手そうな人はチェックして用心することもできますが、思いもよらない交通事故のような、場が凍りつく場面に遭遇することもあります。

あるラジオ番組にゲストをお呼びしたときのことです。ご本人の歌が、別の歌手の方にカバーされていますねという話題を出したとたん、

「あの人が歌ったからヒットしたみたいになっているけど、そうじゃないんだよね！」

と語気が強くなりました。ほかのゲストも下を向き、不穏な空気に。

この話をこれ以上広げては、カバーされている歌手への非難につながります。

かといって、なかったことにして次の話題にいくのも不自然です。そこで、「思うところはいろいろとおありかと思いますが……」と、とっさに言葉を挟んで先に進めました。ひやっとする場面は「サンデーモーニング」で張本勲さんに鍛えられて慣れているはずでしたが、焦りましたね。

ネガティブな話題が出たときや、場が凍りつくような場面で対応に困ったときは、発言内容には同調せず、その方の「嫌な気分」だけにサラッと共感を示し、次の話題へ移る対処法が有効です。

「共感」とは、相手の気持ちを想像して寄り添うことです。相手に調子を合わせ、同じ意見や態度になる「同調」とは異なります。

ただし、とっさのことで言葉が出てこないことも考えられます。もしも自分の職場でそういう場面に遭遇したら……とシミュレーションしておき、そのためのフレーズを普段から用意しておきましょう。

それから、どうにもならないことがあることも知っておきましょう。

実際に、ラジオのゲストのなかには、極度の二日酔いでこられた方もいらっしゃいました。収録中も、ハンカチで口元を押さえ、「おえええええ」とやりながら、全然回復せずに帰られました。そのときは、できることがなく……。そのまま放送されました。

一方、ある女優さんも二日酔いでこられましたが、「今から朝ご飯を食べていいかしら？」と、おむすびを食べて、お水をたくさん飲まれていました。

そして、オンエアにはいっさい響かず、驚いたことを覚えています。

避けられることは極力避けましょう。しかし、避けられないことは最小限に留められるように、状況を観察して準備をしておきましょう。

ヒント
06

相手を観察しつつ、同調と共感を意識して使い分けるようにしましょう。

07

会話が脱線したときの軌道修正方法

インタビューをしていると、話が脱線してしまうことがあります。

会議や打ち合わせでも、話が脇道に逸れたり、要領を得ない発言をダラダラと続ける人が現れたりすることって、ありますよね？

同席者たちは「誰か止めてほしい」と思いながら、イライラ。

そんなときは進行役がうまく「キーフレーズ」を使えると、流れを変えてスムーズに進行することができます。

キーフレーズとは、「ご発言中ですが、要約させていただきますと」や「いろいろとうかがいましたが、ここでもう一度、本題の○○に戻ってみたいと思います」など、話の流れに割って入り、その場の流れを変えられる&仕切れるフレーズです。

会話が脱線したとき、話が長すぎて困っているとき、それぞれの場面で自分なりのキーフレーズをいくつかもっておくと便利です。

私は脱線した話も大好きで、時間が許すかぎり聞いていていたいタイプなのですが、呑気《のんき》に構えてもいられない場面もあります。

吉田照美さんとおすぎさんのトークバトルのなかで、「で、唐橋はどっちなのよ!?」と振られて、「どっちもどっちですよ！」という私のコメントでオチがつくときは、まだいいのです。

脱線してしまうのは、だいたい目上の方だったりします。話が脱線したときも、無理に軌道修正するのは難しかったりするので、わざとらしくなったり、失礼になったりしないよう、注意を払って進行するようにしています。

なかには、ご自分で「すみません、脱線しました」「余談でした」と切り替えてくださる方もいらっしゃいます。

ですが、時間が限られているときは、私から「脱線するとこういうお話が聞けるから好きなのですが……」と挟むと、相手も気づいてくれます。その際には「あのお話、次回続きを聞かせてください」と、帰り際にフォローを入れることもセットにしています。

建築家の安藤忠雄さんとお話ししていて、大いに脱線したことがあります。インタビューが進み、安藤さんの信念は、何からインスピレーションを得ているのかというテーマに対し、「旅に行く、人と会う、本を読む」とお答えいただいたのですが、そこから「最近の若いもんは」といった内容にスライドしてしまいました。「ネットで調べただけで行った気になっているのが信じられん！」と、張本さんばりの「喝」を出されていて。

本当はそのあとに、安藤さんの建築物についてのお話をうかがわなければいけないのですが、話がどんどん脱線していきます。

そこで、どこかに突破口となる言葉がないかと、ちょっと前のめりになって耳を傾けていました。すると、「俺たちの頃はな」というフレーズが出てきました。

そこで、すかさず、

「そうなんですよ！　そこをお聞きしたかったんです。安藤さんの若い頃のお話を聞かせてください!!」

と切り込んで、軌道修正をさせていただきました。

そこから安藤さんが若い頃に興味があった建物の話をうかがい、現在取り組んでいる建築物の話に展開していきました。

脱線したら、何かヒントになる言葉がないか、耳を傾けて探します。

とくに、その人が話したい方向とは違う方へ、矢印をもって行かなければいけないときは、そのきっかけになる言葉を、感度を高くして待ち受け、何か発した瞬間に「これだ！」とつかんで修正することが大切です。

話をしている側も、自分の話を聞いてもらったうえであれば、否定された感じがないですから、「そこそこ！　それを聞きたかったんです!!」と、話の流れを引き戻していくのは有効だと思います。

このような突破口を見つけられるようになったのは、「サンデーモーニング」で張本勲さんの脱線に揉まれてきたからでしょうか（笑）。

実はあのコーナー、まったくリハーサルがないんです。だから、本番まで張本さんが何を言うかわからないのです。

たとえばゴルフでしたら、「松山、今季メジャー初戦です」といった説明が書かれた項目表を事前にお送りし、それに対して、張本さんが自由に調べて準備をされている感じです。こちらからは、あまり余計なことは言いません。

放送前日にチーフが張本さんに電話をして、「こんな温度でしたよ」という感触は、司会の関口さんに伝えています。ですが、何に賛成、反対なのか、どこで「アッパレ」と「喝」が出るのかは、当日までわからないのです。

2019年の夏のことです。

全国高校野球選手権岩手大会の決勝戦で、当時、高校生史上最速の163キロを投げた、佐々木朗希投手を登板回避させた、県立大船渡高校の判断についてのコメントです。

「怪我を怖がったんじゃ、スポーツをやめたほうがいいよ」

と張本さんは番組内で、そう苦言を呈しました。

これに対して、さまざまな反響がありましたが、メジャーリーグで活躍するダルビッシュ有投手がツイッターで、〈シェンロンが一つ願いこと叶えてあげるって言ってきたら迷いなくこのコーナーを消してくださいと言う〉とつぶやき、ネ

ット上で白熱した議論を呼びました
私は、議論を呼ぶということは、いいことだと思います。

かつてトップアスリートだった張本さんの時代の価値観があるでしょうし、現在のトップアスリートとしてのダルビッシュ選手の価値観があると思います。

以前、ビートたけしさんが、話されていましたが、いつの時代も「おまえら青二才なんかに負けるかよ」と、「おまえらの時代は終わったんだよ」という新旧世代のせめぎ合いのなかで、進化が生まれるのだと。私もそう思います。

ということで、私の話も大いに脱線しましたが、みなさんも、話が脱線してしまったときに備えて、ご自分のキーフレーズを用意しておくと、とっさのときに役に立つはずです。

ヒント
07

感度を高くして、突破口となる言葉を見逃さないようにしましょう。

08

私が出会った聞き上手の達人

もしも、この人と話をしていると楽しいなと思ったら、お相手はきっと「聞き上手」です。目を見て話を聞いてくれて、相槌のタイミングもよく、この会話を楽しんでくれている空気感がある。それらはすべて「聞き上手」の条件です。

テレビの世界にも、さまざまなタイプの達人級の「聞き上手」がいます。私が出会った、ノンバーバル部門の達人代表は、小堺一機さんです。

かつて、お昼の人気トーク番組だったフジテレビ系の「ライオンのごきげんよう」を、「ライオンのいただきます」の頃から31年間も務め、たくさんのゲストの魅力を引き出していらっしゃいました。

私が過去に出演したときも、本当に楽しそうに、ニコニコしながら話を聞いてくださいました。

ちょっと驚いたときにはお尻を少し上げたり、「はあ〜！」と感嘆の声を発したり、眉毛を上げ下げしたり、顔をぐっと近づけてきたり。

まさに、ノンバーバル・コミュニケーションのお手本のようなコミュニケーション術で、とても楽しくお話しさせていただきました。

私の話を、共演したヒロミさんと一緒にたくさん拾って、お二人で、映像のように寸劇で再現してくださいました。そういったことも含めて、本当に感激しました。

対して、バーバル部門の達人代表は、お笑いタレントの久本雅美さんでしょうか。久本さんといえば、日本テレビ系「メレンゲの気持ち」のメインMCとして、ゲストのトークを言葉で盛り上げ、魅力をぐいぐい引き出す方です。たとえば、レスリングの金メダリスト、吉田沙保里さんの出演回での一コマです。

吉田さんがオリンピックの話を「今までアテネ、北京、ロンドンで」と切り出した瞬間に、「出てるな～」と合いの手を入れていく。

まるで餅つきのように、軽快に、テンポよく言葉を挟んで盛り上げます。相槌は打つけれども、話は遮らない。話しやすい環境づくりや相手の懐に入るのがとてもお上手です。

状況を再現して面白くする技も、久本さんのトークを見ているととても勉強になります。何気ない話でも、ゲストの話を聞きながら、視聴者がより想像しやすい映像にしてくれます。

たしか、リオデジャネイロオリンピックの際に、選手村から車で30分ほど離れたところのマクドナルドに食べに行ったら、テニスの錦織圭選手もいたというエピソードでした。吉田さんが「ああ、どうも～」と挨拶したと話すと、久本さんは即座に錦織選手のモノマネをして、すごく低い声で「吉田沙保里だ」と挟んで。その間合いが絶妙で、さすがだなと感動しました。

また、ゲストのお悩み相談的なネタにも、自虐を交えながら、さらっと金言を出したりするところも、誠実そうな人柄が見えて好きです。

コミュニケーションには、こうでなければいけないという決まりごとはありませんし、これが正しいというルールもありません。

ただ一つ、共感力を生かして心で会話することが大事なんだと思わせてくれた福島のテレビ局時代の先輩も、私のなかでは「聞き上手」の達人の一人です。

彼女は福島時代に同じ番組のディレクターで、こちらが笑ってしまうほど訛りが強く、好き嫌いがはっきりしていて、「何やってんだ、おめえはよ〜」と、愛情深く叱ってくれる方でした。

話もじっくりと聞いてくれて、相槌を打つ優しい表情は、まるで寮母さんのようでした。誰もが彼女の前では、リラックスして、話をしてしまうのです。

きっとあなたの周りにも、さまざまなタイプの「聞き上手」がいるはずです。話をしていて心地いいなと思ったら、その人の何がそう思わせてくれるのか、分析してみてください。

そして、自分にも取り入れられそう、マネできそうな部分は吸収してくださ い。それを繰り返していけば、きっとあなたも「聞き上手」になれますよ！

ヒント08

話をしていて心地いいと思った人が、
聞き上手の達人です。

第2章

共感力を生かした【話し方】

09

話をする前に知っておきたい基本の「き」

私はアナウンスの基礎を、日本初のフリーアナウンサー・高橋圭三さんの事務所が設立した無料アナウンス塾「圭三塾」で学ばせていただきました。

そのなかで今も忘れない言葉があります。

「レディメイドな言葉ではなく、オーダーメイドの言葉で」

既成の言葉ではなく、自分なりの言葉で話をしようという意味ですが、コミュニケーションとは、違った価値観をもった人と出会い、互いに理解していくためのものだと思っています。

必ずしも特別な表現をしたり、キャッチーな言葉を発したりすることが、相手にインパクトを残すものではありません。

毎週日曜日、「サンデーモーニング」の出演のために、朝4時にお迎えをお願いしているハイヤーの運転手さんから、京都のお土産として、澄んだ紫陽花《あじさい》色の金平糖をいただいたときの話です。

「唐橋さんにぴったりな色の金平糖だったので。どうぞ」

サラッとした言葉でしたが、自分のことを想って選んでくださった気持ちが伝わり、とても嬉しい気持ちになりました。

何気ない言葉でも、既成のレディメイドな言葉ではなく、オーダーメイドの言葉を使うと、相手に寄り添う気持ちが示せます。


以前、ラジオである女性作家さんとお話をさせていただいたときのことです。

新しい作品の話や日常生活の話をしているなかで、〆切の話になりました。なかなか書けない日々が5年くらい続き、とても苦しんだこと。目前の〆切に迫られるつらさというのを、当時を思い出しながらジェスチャーも交えて、臨場感たっぷりに話してくださいました。

本当につらかったんだろうなという気持ちを想像はできますが、軽率に「わかります」とは言えません。そんなときに私が使った手法が、同じ職業の方の気持ちを借りて、そこに自分の気持ちを乗せるという手法でした。

『〆切本』（左右社）という、夏目漱石や太宰治といった昔の文豪たちが、〆切にいかに苦しんだかを記した書籍があります。「死にそうです」「どうしても書けない」といった苦しみが綴られたこの本を、私はたまたま読んでいました。

松本清張のページには「〆切に追われて耳から血が流れるような焦燥感と苦悶に駆られる」と書いてあり、「そういう感じなんでしょうか？」とうかがってみたら、「そうです、そうです！　あの本ですよね!!」と共感してくださいました。

そして、さらにわかりやすく説明してくださったので、こういう手法は、共感力を生かせて有効なのだと、新たな発見をしました。松本清張のコメントを借りて、作家さんと共感することができた貴重な体験でした。

『〆切本』のような題材がなく、そのような手法が使えない場合は、正直に「あくまでも私見ですが」「一意見として聞いていただきたいのですが」という枕詞を最初につけて、自分の気持ちを続けて言うようにしています。

相手の心を開き、会話や相手との関係性まで円滑にする、「共感する」話し方。「共感」とは、相手の気持ちを想像して寄り添うことです。

けして相手に調子を合わせ、同じ意見や態度になる「同調」とは異なります。その違いさえ押さえておけば、実はそんなに難しいことではないと思います。

話し方において「基本のき」にしているポイントは二つです。

○相手の「行動」の部分をピックアップし、おうむ返しで共感を伝える

たとえば、「お弁当を作るのに、朝3時間も早く起きたの」という話だったとしましょう。「大変だったね」という声かけは、決めつけになるので「△」。「3時間も早く起きたの?」と、行動の部分をおうむ返しすることで、相手は自分の行動を認めてもらえたという気持ちになります。

○相手の「感情」を汲み取ったあとに、自分の経験談や気持ちをプラスする

試験に合格した友達に「おめでとう」と伝えるときには「嬉しいね！　おめでとう」と言うと、より共感が伝わります。ラジオ番組で作家の俵万智さんとお話しした際には、俵さんの失恋話に出てきた相手の態度に、「ひどいですね！」と言いながら、自分のエピソードも重ねて、二人で大いに盛り上がりました。

先回りしすぎず、決めつけもしない。

「聞くこと」の基本にも共通しますが、相手の気持ちに寄り添いながら、自分なりの言葉を選ぶ。これが、話すときに気をつけている基本の「き」です。

みなさんもどうぞ、レディメイドな言葉で相手に共感できる、自分にちょうどいいやり方を探してみてくださいね。

ヒント 09

相手の気持ちに寄り添いながら、
自分なりの言葉を選び、加えましょう。

10 状況に応じたテンポや声質の使い方

どんなにうまくスピーチ原稿を書こうと、伝え方が悪ければ結果はついてきません。逆に、内容はそうでもないのに、伝え方がいいと褒められたりします。

そう、残念なことに、たいていの場合において「どんな話をするか」よりも「どんな話し方をするか」が重要であったりします。

何を伝えたいか、どんな印象を残したいかによって、求められる声のトーンやスピードは変わってきます。

どんなときにどんな声を使っているのか、具体例を挙げて説明していきましょう。

ちょっと聞きづらいようなことは、わざと不器用な感じにして聞いています。

語尾をゆっくりにして、少し詰まったような感じで聞いたり、ちょっと訛りを入れて聞いてみたり。

方言ですと語尾が柔らかくなるので、聞きにくいことを聞くときは、会津地方の訛りがちらりと顔を出すこともあります。

司会をするときに会場がざわついていたら、小さい声で話し始めます。それは大事な本篇の言葉ではなく、「本日はお忙しいところありがとうございます。お足元が悪いなか、お集まりいただきまして……」というような感じです。

「何か言ってるぞ?」と徐々に注目を集めるこの手法は、とても有効です。しかし、これはお酒の席では、あまり効果はありません。みなさんが酔っぱらっているときは、なかなか難しいですね(苦笑)。そんなときは、聞いてくれる人を見つけて精一杯伝えましょう。

大事なことや心境に迫るときには、ちょっとだけ間を置きます。

「そのとき……本当は後悔されていたんですか?」というように、少し間を置いてスローに言います。

相手に合わせて、ちょっとしたキャラづくりをして挑むこともあります。

今日は気合を入れないとインタビューできないぞという方の場合は、必要以上に明るく、声も大きめにすることがあります。反対に、あまりわざとらしいのが好きそうでない方には、普段の素に近い自分で臨むこともあります。

吉田照美さんとやっていた文化放送のラジオ番組「ソコダイジナトコ」では、照美さんの求めに応じて「夢の中ならなんでもいたします」と、声の寸劇みたいなこともしていました。

やんちゃな女の子役を演じたり、女教師や老婆になりきったりして。声色でさまざまな役になりきるのは楽しかったですね、懐かしい！

熱を伝えたいときは、モノマネや声マネもします。

歌手の渡辺美里さんとラジオ番組でお会いした際の話です。

私が学生時代に、福島の郡山で美里さんのコンサートに行ったことがあるという話のなかで、コンサートの熱気や、どれだけ声を張り上げて声援を送っていたかを伝えたくて、そのときの光景を思い出しながら、

「みんなー！　アリーナーーー!!」

と、美里さんがよくコンサートで言うセリフを急にモノマネして叫びました。

すると美里さんは大笑いして、「なぁに？　唐橋さんてそういう人だったの!?」と。違う一面をそのひと言で感じてもらえたかな、と思っています。

美里さんは、その日、私の唇が荒れていたのを見て、別れ際に「唇、大丈夫？　これよかったら使って」とＤｉｏｒのグロスをくださったんです！　ファンにはたまらない品をいただき、神対応だと思いました。そんなやりとりで、ちょっと距離が縮まった気がして、心が温まりました。

最近、歌手デビューしたのをきっかけに、歌手である妹の唐橋宙子《ひろこ》に歌のレッスンをお願いしています。アナウンスのときとはまた違った、声の出し方に戸惑いながらも、新しいことを覚えることを楽しんでいます。

たとえば、声を出すときに、眉間の上あたりを指して、「この辺に声をあてて」「響かせて」と言われます。

アナウンサーと声の出し方が違いすぎて、「どこどこ？」と戸惑ってばかりです。でも、「うーーーー」と声を出すときに、「ういういういうい」と少しうねりを出すと響くところがわかりました。

また、背中を床につけて寝て声を出すと、力まずに声を出すことができると教えてもらいました。この感覚を覚えると、立って声を出すときもいい声が出ます。もちろん、一日二日では習得は難しいと思いましたが。

さらには、横隔膜を広げた状態を保ちながらする発声。これは普段のキャスター業にもプラスになっています。

野球の原稿は、スピード感のあるゲームを伝えるため、テンポ良く、力強く読むのですが、そのとき横隔膜に空気が多めに入るようになり、声が出しやすくなりました。実際に、視聴者の方からも「声が力強くなりましたね！」との声が届きました。

具体的なトレーニング方法は、水を入れた2リットルのペットボトルを両手に提《さ》げながら声を出すこと。重心が下がり、それだけでも声の出方が違います。

声が出ないときは、このように重心を下にもっていくと、声の浮わつきが抑制されて安定します。

ぜひ、みなさんも、床に寝転がって声を出す感覚を試したり、ペットボトルを持って重心を下げたりしてみてください！

ビフォー&アフターの動画を撮って見比べてみると、違いがわかってモチベーションも高まりますよ。

ヒント10

話すときは声のトーンやテンポを意識して。

録画で確認してみましょう。

11

うまくファシリテーター役を務めるには

最近はリモート会議が増えて、オーケストラの指揮者のような進行役・ファシリテーターを務める方も増えてきたのではないでしょうか。

もちろん、会議と番組の司会進行では違いもあると思いますが、普段、私が司会進行で気をつけていることをお伝えします。

まず、いちばん大事にしているのは、誰かを置いてけぼりにせず、端っこで寂しくしている人がいないように気をつけることです。

もしかしたらそれは、私は三人兄弟の真ん中なので、間に挟まれながら、気をつかってきたことに由来するかもしれません。または、転校を2回しているので、仲間はずれの気持ちがよくわかるからなのかもしれません。

番組の企画会議でも、「●●についてどう思いますか？」と全員に投げるよりも、「〇〇さんは●●についてどう思いますか？」と発言者を振り分けたほうが、議論が活性化します。

そうでないと、声の大きい人やおしゃべりな人ばかりが話をして終わってしまいがちです。

仲間はずれを生まず、全員が参加しているほうが、結果、その場が活性化して、楽しい時間になります。

某有名芸人さんの飲み会では、いちばんつまらなそうにしている人を全力で盛り上げるのだそうです。そうすることで、その会全体が楽しいものになり、二次会へのスムーズな流れにつながるのだとか。

気持ちよく先輩芸人に二次会に行ってもらうために、後輩芸人たちはそんなふうに努めているのだそうです。なかなか興味深いですよね。

NHKラジオ第1の番組「イチ押し　歌のパラダイス」では、アシスタント的な役割をして、3～4人くらいのゲストに同時にインタビューをします。

3～4人のゲストの方が同じスタジオに来て、歌も流しながら、1時間くらいで質問していきます。そのため、事前にアンケートをとり、そのなかから、これだけは聞くという質問を2つ、3つ決めて進めています。

番組では、「今日デビューしました！」というような新人と、大御所ベテラン歌手の方が一緒になることもあります。

そうするとたいてい、緊張した新人歌手は話ができません。ですから、最初はなるべく、新人の方だけに焦点を当てずに、「そのようなときは、ベテランの○○さんはどのようにされたのですか？」という感じで、新人の方の話の際にも、意図的にベテランの方に話を振りながら「三角形のコミュニケーション」を心がけて話を広げていきます。

大ベテランの方でも、当然、デビューというものを経験されています。そのときの心境を思い出していただき、若い人がこれから芸能界でどういうことに気をつけなくてはいけないかなどを話してもらいます。

また、周りのリアクションを拾うこともあります。新人の方が話しているときに、「あー、うんうん」と本当に深く頷く方がいたら、

「○○さん、とても共感されていますけれども」

と、そこから自分の話に向けてもらいます。

自分で話すよりも、人の話を聞かれるタイプの演歌歌手の方には、ほかの方が話す母親のエピソードに、うるうるされているのを察知して、

「今、感情が目からこぼれ落ちそうですが……」

と水を向けて、ご自身の家族のお話へと誘ったりしています。


エンジンのかかり具合が早い人もいれば、遅い人もいます。

お笑いタレントの明石家さんまさんのように、自分が納得のいく絵が撮れるまで、長時間でも撮られるという方もいますが、生放送ではそれは難しいです。

そんなときは、頑張ってテンポアップを図ります。

エンジンのかかりの遅い人に当たり前の質問をすると、トーンが同じでそのまま流れていってしまうので、何かしら少し視点を変えるように心がけています。

身につけているもの、イヤリングやTシャツのキャラクター、何でもいいので、少しつついてみます。

髪型とか、体形、顔のつくりなどは、褒めても気に触る危険性もあるので、できるだけ身につけているもので、会話してみます。

そのなかで、いちばん大切にしているのは、「流れ」です。それはオーケストラにたとえられます。

さまざまな音色の楽器で奏《かな》でるように、いざというときに慌てて音が出ないなんてことがないように、全体をよく見て、流れを読むようにします。

オーケストラで思い出しましたが、小学校時代、音楽の授業で私はシンバルを担当したことがありました。

出番は1回くらいなのですが、曲も長いし、ずっと退屈だなと思っていたら、いざ自分の出番というときに、その1回の出番を逃してしまいました。

そのときに、「唐橋はみんなを見ていない、流れを読んでない」と先生に言われたことは、今もはっきりと覚えています。大失敗。流れを読むことは、どんなシーンでも大切ですね。

番組の流れのなかでも、どこで誰が乗ってきても、みんなが心地よいコミュニケーションが取れるような環境をつくっていきたいと思っています。

余談ですが、張本さんが番組スタッフたちと飲むと、「おっ、あいつ飲んでないな！」と端っこのほうの席でポツンとしているスタッフをすぐに発見します。ただ飲ませたいだけかもしれませんが（笑）。すごい感覚です！　そういう目線も必要だなと思います。

ヒント
11

全体を見渡しながら、流れを意識して、楽しい場をつくりましょう。

12

沈黙や緊張との付き合い方

会話をしている最中、ふとした瞬間に沈黙が訪れる。よくありますよね？

それはもしかしたら、「会話は弾まなければいけない」「相手を楽しませなければいけない」と、自分にプレッシャーをかけているだけかもしれません。

テンポよくおしゃべりが続く「話し上手」な人もいますが、もしも「沈黙」を、余裕をもって受け止めることができたなら、「話し上手」よりも、もっと価値を生み出せるかもしれません。イギリスの思想家、トーマス・カーライルの言葉にも「沈黙は金、雄弁は銀」とあります。

まず、会話が途切れることをあまり恐れないほうがいいでしょう。

会話の隙間を埋めようと言葉をかき集めても、あまりいい結果にはなりません。それよりも、相槌や頷きといった表情で、「あなたの話を聞いてますよ」「考えながら話してますよ」と共感力を伝えるほうが、何倍も効果的だと思います。

こちらが聞き手のときには、相手が言葉を選ぶなかで沈黙になったとしても、できるだけ待つようにしています。

想定していた質問に対して、答えがすごく短かったり、言葉足らずだったりする場合は、おうむ返しや「うーーーーーん」と長目のリアクションをしている間に、次の質問を考えます。

相手が緊張しているときは、スタッフを巻き込んで場を和ませることもあります。緊張していることを伝えたかったら、スタッフに向かって「今緊張していて、目を合わせようと思ってもちょっと無理です〜」と言ってみたり。

逆に、ピアニストのフジコ・ヘミングさんにお会いしたときは、私がすごく緊張しました。

強力な目力もあり、すごくオーラがある方で、スタッフが「飲み込まれそう」と表現していました。

質問を考えながら、緊張しながらのインタビューだったことを思い出します。

言葉が途切れるというか、フジコさんの独特の「間」を感じながら、その「間」に合わせて話していきました。

私もゆっくり、一呼吸置いて。自分のテンポというよりも、委ねる形でした。コンサートで1曲飛ばしてしまい、すぐさま観客に正直に伝えたというエピソードのとき。

「目の前で聴いていた少年が、僕は知っていたよというジェスチャーをしたのよ」

そう言ったあと、少し長めに間があいて。普段なら言葉を足したくなるところですが、このときはじっと待ちました。しばしの沈黙のあと、

「ああ、ちゃんと聴いてくれているんだと、とっても嬉しかったのよ」

と、そのときの気持ちを話してくださいました。

計算した沈黙ではなくて、言葉が出ないということはありますね。

「NOEVIR Color of Life」で、ある歌手の方にお話を聞いていたときです。上京の際に家族みんなが反対していたけれど、お兄さんだけが応援して背中を押してくれたという話を聞いて、私の涙腺が崩壊しました。

泣いてしまい、すぐに言葉が出ませんでした。そういうときは我慢しないで、

正直に気持ちを表現します。

草笛光子さんのご自宅でインタビューしたときのことです。インタビューが終わった瞬間に、「ワインでも飲みません？」とお誘いいただきました。

大御所の方との初対面は緊張するので、事前に何か共通点がないかなと思い、一生懸命探しました。

すると、草笛さんと誕生日が一緒ということがわかりました。

でも、ただ「誕生日が一緒なんですよ」と言ってもこちらの自己満足なだけで、「そうなのね」で終わってしまいます。

ですから、乾杯するときに「お誕生日も一緒で嬉しいです、乾杯！」と早口で言いました。

すると、「あら、そうなの！」と嬉しそうに握手してくださいました。

そのときは、草笛さんとずっと二人三脚で歩まれた亡くなったお母さまの話になり、「舞台をやってたときにね、観客席のいちばん後ろに母がいたのよ」と聞かせてくださいました。バレないように泣いたつもりでしたけど、きっとバレていたと思います。

沈黙や緊張を怖がらず、味方につけてください。言葉に詰まって、泣いてもいいんです。おしゃべりが上手じゃなくてもいいんです。

大事なことは、「あなたの話を聞いています」という姿勢、共感力です。

ヒント12

沈黙しても、緊張してもかまいません。
自然な感情に委ねましょう。

13

説明やプレゼンの際のポイント

　みなさんは、長い時間をかけてプレゼン資料を作成、発表したのに「内容がわかりくい」「見にくい」などの理由で却下されたことはありませんか？

　プレゼン資料も準備が8割。実際に作り込んでいく前に、情報を整理し、「何をどんな順番で伝えればわかりやすいか」を考えることが重要です。

　「サンデーモーニング」で私たちが手作りしているフリップは、まさに視聴者に対するプレゼン資料です。

　どのように作っているのかというと、まずは扱うネタを決めたら、このテーマに対して何に疑問をもっているか、頭を真っさらにして質問項目を箇条書きにしていきます。

　そこから、質問一つひとつに対して資料を集めたり、ほかのスタッフに「この言葉を聞いて何が思い浮かぶ？　疑問に思う？」と聞いたりしながら、答えを集めていきます。

私の担当はスポーツです。スポーツに詳しい方ならば、「知ってて当たり前だろ」ということでも、視聴者にとっては「それ何?」というようなことも少なくありません。これくらいは説明しなくてもわかるだろうというのは、視聴者に対しての依存であり、危険です。

ですから、そのバランスを見ながら組み立てていきます。

プレゼンのときは、本番の尺が3分〜3分半以内と決まっているので、その時間に抑えるために、ポイントになる点をみんなで議論しながら優先順位をつけていきます。

いちばん言いたいところ、大きなテーマになっているところは、なるべく早めに結論を発表して、なぜならば、と展開していくように構成していきます。

何かを説明するときは、小学生にもわかるように説明するのがいいとか、結論を最初に言うのがビジネス会話だということをよく耳にしますが、「サンデーモーニング」でスポーツや時事問題について説明するときに想定するのは、視聴者です。

視聴者にわかりやすい言葉と手順で、物足りなくならないよう、精査します。まずは、パネルを使ってプレゼンする様子を自分でスマートフォン（スマホ）の動画に撮ります。それを視聴者の目線でチェックします。すると、「この言葉の説明が弱いな」「もう少しここをふくらまそう」「ここは嚙み砕いて伝えよう」など、修正箇所が見えてきます。そこから調整して本番へと挑みます。

司会進行役の関口宏さんも、視聴者目線で伝えることを大切にしています。キャスターは原稿を読むだけでなく、すべてを消化して自分の言葉で伝えたほうが伝わりやすい、とつねづね話されています。その気持ちは私たちも同じです。

パネルを一緒に作るAD（アシスタントディレクター）さんも、「次、何やればいいですか？」という指示待ちの人と、「次、これをやろうと思うんですが、いいですか？」と、先を読んで動こうとする2タイプに分かれます。

やはり、チーム一丸となって作り上げたものの質は高まります。ですから、「あなたの役目はこれで、あなたがいないとこれはできない。だから、あなたを必要としています」という意思を示します。

そうすると、指示待ちタイプのＡＤさんも、自発的に動いてくれるようになります。「ここにいいアイデアないかな？」と委ねると、よく考えて答えを出してくれたりします。意見を聞くことは、とても大事ですね。

「聞く側の目線」を確認するために、一度、自分のプレゼンを動画に撮ってチェックすることは、かなり有効です。ぜひみなさんも取り入れてみてください！

ヒント13

聞く側の目線に立って組み立てましょう。
とくに動画撮影は有効です。

14

ときにはひと言が多弁に勝る

忘れられないひと言って、みなさんありますよね？

私にとってのそれは、「サンデーモーニング」に、野球監督・解説者の落合博満さんをゲストにお迎えしたときのこと。

落合さんは、野球人という枠を超えて、憧れの人です。実際にオーラがあり、スタッフも私も、スタジオ中が緊張に包まれていました。

落合さんをスタジオにお迎えした際に、私は少しだけ勇気を出して、落合さんにひと言、お声がけさせていただきました。

「ご子息の福嗣さん、ご活躍ですね。アニメ『火ノ丸相撲』、楽しませていただいています」

落合さんの長男の落合福嗣さんは、現在、人気声優として活躍しています。

すると、落合さんは、

「ああ、そうなの？　あんまり見てないからねえ」

と言いながら、笑みを浮かべていました。

本番が終わり、楽屋でスタッフと反省会をしていると、帰り際に落合さんが、

「唐橋くんは、何年目？」と声をかけてくれました。

「13年くらい経ちますね」

そう答えました。すると、

「この仕事を長く続けているというのには、理由があるからね。それを大事にしたほうがいいよ。あと、辞めろと言われるまで、辞めちゃだめだぞ」

そのあと、すぐに帰られてしまったので、その意味を詳しく聞く余裕はなかったのですが、私は予想もしなかった落合さんのお声がけに驚き、また気持ちが引き締まりました。

一人ひとりの選手と真剣に向き合ってきた落合さんだからこそ、私の仕事にまでアドバイスをいただけたのかな、と嬉しく思いました。

ひと言が、コミュニケーションのきっかけをつくることがあります。

ラジオ番組を通して、おすぎさんと吉田照美さんに「漢《おとこ》唐橋」と名付けられ、

可愛がっていただいたのも、思えばとあるひと言がきっかけでした。

それは、私が気をつかわずに、おすぎさんに発した言葉がきっかけだったようです。

おすぎさんは、普段、とても気遣いされる丁寧な方ですが、番組内では照美さんと二人でキャラクターを前面に打ち出して、政治から身近な話題まで、丁々《ちょうちょう》発止のトークバトルを繰り広げていました。

そんなバトルの最中、おすぎさんが「ちょっと唐橋！　どっちよ？　どうなのよ！」と私に振ってきました。そのときに、「まあ、温度は一緒だと思いますけど、お二人とも」というひと言を、ポロっと言ってしまいました。おすぎさんはその返答を、「いいんじゃない、あの子。媚びてなくて」と気に入ったそうです。

それからは、とても仲良くしてくださって、あまり女性とはスキンシップをしないおすぎさんですが、私には「唐橋っ！」と抱きついてきてくれます。

誰かと距離を縮めたいとき、たくさん話せばいいというものではありません。たくさんの言葉を発するよりも、ここぞのときのひと言を放てるようにしておくほうが、ずっと効果的だと私は思います。少しの度胸と勇気で、思い切って伝えたひと言が、大きな扉を開いてくれるかもしれませんよ。

10年以上前、カメラマンさんに宣材写真を撮ってもらったときです。少し撮影したあとに、その若いカメラマンさんが「ポージングの引き出しが少ないな」とぼそっと言ったんです。

「わかっちゃいるけど、笑顔にならなきゃいけないときに、そりゃないよーー！」顔が引きつったまま撮影は終わり、結局、そのときの写真は使えずじまいでした。

もしも信頼関係ができあがっている人となら、そのひと言に思わずイイ笑顔が出たかもしれません。

張本さんや関口さんに、「唐橋、ポージングの引き出しが少ないな」と言われたら、張り切って面白ポーズで笑わせにいくかもしれません。でも、初めて会って５分で、しかも、言い方が面白くなくて笑えなくて……苦しかったです。

また別の仕事で、カメラマンさんがスタイリストさんに「今日の衣装いいですね」と褒めていることがありました。私に直接ではなくて、自然と周囲の方に、

「服が風に揺れる感じがいいですね」とか言ってくださる方。スタイリストさんのスタイリングを褒めつつ、私のこともさり気なく褒めてくださる。

そういうやりとりを見たときは表情が良くなったり、距離感が縮まったりするような気がします。自分もこちら側でありたいなと思います。

相手が緊張しているときに、正論を吐いてさらにカチコチにしてしまうのではなく、ポジティブワードで現場ごと楽しくしていきたいです。

相手はどんなひと言だったら喜ぶだろうか。もてる「共感力」をフル活用してシミュレーションしてみましょう。

ヒント14

「ひと言」のもつ力を、
共感力をフル活用して使ってみましょう。

15

わかっていても失敗してしまうときもある

キャスターたるもの、おしゃべりのプロとしてどんな場面でも、誰とでも、淀みなく会話ができるはず、というのは誤ったイメージです。少なくとも私に関しては。

共感力を生かして「聞く」ということに関しては、多少なりとも自信がありますが、トークの場面では、うまく話せなくて失敗することもあります。

番組のゲストの方とは必ず、「ありがとうございました。またお会いする日まで」とご挨拶をして、絶対に次もお会いするつもりで共演させていただいています。

初対面で、もう会わないかもしれない方でも、またいつかきっとお会いすると思っていたほうが、その場しのぎでなく誠実に接することができると思います。

でも、そんな考えが思わぬ失敗につながったこともあります。

ベテランのスタイリストさんで、雑誌や新聞への寄稿、ファッションディレクターとしても活躍されている原由美子さんに「NOEVIR Color of Life」にご出演いただいたときのことです。

着物が大好きで、最近、自著『原由美子の大人のゆかた　きものはじめ』（CCCメディアハウス）を出された原さん。私も着物が好きだということを調べてきてくださって、話を振っていただきました。

「唐橋さんも着物のお免状を持ってるんですよね？」

「はい！　そうです、そうです!!」

着物好き同士、ちょっと場が盛り上がりました。でも私、最近は着物を全然着ていなかったので、話を合わせているのが心苦しくなってしまい、

「すみません。お免状は取ったんですけど、最近、全然着てなくて。帯も締められるかどうか……」

と正直に白状してしまったんです。

そのあと、スタッフの一人の方から「あそこは嘘をついたほうがよかったんじゃない？　私も楽しんで着てるんですって言ったほうが盛り上がったよ」と。

でもそれは、私の意見とはちょっと違いました。嘘をついたほうが、そのコーナーは一瞬盛り上がったかもしれません。でも、また別な場所で着物の話になり、どこかで「この人、ちょっと違うこと言ってるわ」と嘘がバレたら、次にお会いしたときに、信頼感がなくなってしまいます。

それと、私の周りにも成人式以来、着る機会がないという人が多いので気持ちを代弁できるかなとも思いました。

そんなことが頭をよぎり、正直にいこうと思っての発言でした。今もあれで正解だったのかはわかりませんが、誠実でありたいと思った結果でした。

後日、原さんとお話する機会がありました。

「普通ならふにゃっとごまかすところを、ああ、正直でいいなと思いましたよ。同じような人も多いですもの。でも、着物が好きだということは伝わりました。唐橋さんみたいな人が着て、みんな刺激を受けてもらえたらいいなと思うんです」

原さんからエールをいただいた気持ちになりました。

いちばん落ち込んだ失敗は、東日本大震災から1年後の福島県浪江町からの中継です。私が福島県出身ということで、関口さんと一緒に、「サンデーモーニング」の中継に同行しました。みんなで防護服を身につけての生中継でしたが、「唐橋くん、ひと言」と、番組の最後に関口さんが振ってくれました。

ところが、ひと言ではいえない思いが一気にあふれ出てきて、あと何秒というカウントダウンも、ライトがまぶしくて見えなくて、とりとめもなく話をしてしまいました。そして最後は、まとめきれないうちに、関口さんがカットインして「では、また来週です」で終わったという顚末です。

今思い出しても、吐き気がするほどの失敗です。その直後はショック過ぎて呆然としました。何をしてるんだろう、私はと。ひと言で表現することは難しい。でも、それができないならば自分がいる意味はありません。

関口さんからも、終わった瞬間に「おい、何やってんだ」と言われました。帰りのバスでは何もしゃべれませんでした。涙すら出てこない、放心状態でした。

そのあと、しばらく引きずりました。でも、視聴者の方が送ってくださったお手紙に救われました。

「唐橋さんがあそこで言葉にできない想いがたくさんあったのが、私はわかります」という内容でした。「怒りも悲しみも、どうしようもない想いもわかります」と綴られていました。そのお手紙をいただいたことで、「次の仕事で取り返すぞ！」という気持ちにもなれました。

大きな失敗もたくさんしてきました。いまだ自分のなかで正解のわからないものもあります。でも、この失敗は自分の糧になると信じて、しっかり受け止めていきたいと思います。

ヒント
15

失敗するときは失敗します。
落ち込んだあとは次に目を向けましょう。

16

私が出会った話し上手の達人

芸能界は、「話し上手な方」の宝庫です。

たとえば、お笑い芸人の方々は、やはり全般に話がお上手ですよね。

日本テレビ系の「しゃべくり007」などを観ていても、女優さん、俳優さんの何気ない話を、あれだけ面白く大きくするのは、すごいなあと感心しています。

たとえば、私たちキャスターならば、「隣の方は俳優の温水洋一さんに似てますよね?」と言うところを、「お隣は温水さんですよね?」と言い切ってしまう。

このあたりが、テレビ東京系「あるある発見バラエティ　新ｓｈｏｃｋ感　それな!って言わせて」でご一緒している南海キャンディーズの山里亮太さんをはじめ、芸人さんたちの言葉選びは、勉強になると思っています。

そんな芸能界のなかで、これまで私が出会った「話し上手の達人」を挙げると、高橋圭三塾にいたときに、歌手の並木路子さんと一緒に三人で慰問をしていた講談師の方です。

慰問先で彼が怪談をすると、話のなかの匂いとか寒さとかが、言葉だけで浮かび上がってくるのです。クライマックスに「ドンドンドン！」と机を叩き、一瞬の間があって、「ギャーーーー!!」となる。いつも怖くて震え上がっていました。

そのときに、本当にいろいろと学ばせていただきました。


人に何かを伝えたいときは、風景や状況を説明する描写が大切であること。オノマトペ（状態や心情を音によって表したもの）を多用するといいこと。臨場感をもたせて盛り上げるといいことなどです。

落語家や講談師は、声だけでこれほどの表現ができるのかと感嘆します。落語の世界では、盛り上げて盛り上げて、緊張感が高まったところで緩むと笑いが起こる、それを「緊張と緩和」と言います。

もっと話し上手になりたい、とお思いの方は、落語や講談を聞くと、ヒントがたくさんもらえると思います。

ラジオＤＪやアナウンサーの方々からも多くのことが学べると思います。大好きな大相撲の中継も、ラジオで聞くのはまったく違います。テレビで録画して、今日はラジオを聞こうという日もあります。

そうです！　話が上手になりたかったら、ラジオを聞くという手もあります。想像力も働いて、考えるという力がつきます。

また、歌舞伎を観るときも、イヤホンガイドは欠かせません。舞台上の動きをアナウンサーの先輩方の素晴らしい「間」と表現で、上手に解説してくれます。

そういう解説の「間」で素晴らしいなと普段から思っているのが、スポーツジャーナリストの増田明美さんです。

ご本人のキャラクターもあるのでしょうが、駅伝やマラソンの実況で、増田さんは小ネタを絶妙なところで挟みます。その「間」が絶妙で素晴らしいのです。

用意されたものを自分のタイミングで言うのと、状況をつねに見計らいながら、「ここだ！」というタイミングで発言するのとでは、まったく違います。

増田さんは柔らかい声質で、言葉もきれいですが、なかなかスッと、あんなにキレイに入れないですよね。

相手が息を吸った瞬間にというのはありますけど、元アスリートならではの感覚なのでしょうね。

アナウンサーあるあるなのですが、スポーツ実況で、いいプレーが展開しているときに、関係ないフレーズを挟んでしまうことです。たとえば、

「○○選手は、先日、３人目のお子さんが生まれまして……」

「２週間に１回の頻度で髪を切りに行くそうです……」

落合博満さんが以前、このように話されていました。

「やりづらい実況のアナウンサーは、用意してきた資料を言いたがる人だ」

「今、目の前に起きていることがいちばん大事なんだ」

その言葉を胸に、ＢＳフジ「感動！　大相撲がっぷり総見」では、大好きな大相撲をお届けしています。

私たちキャスターは、話が大脱線したり、マシンガントークをしたりする人がいても、上手に交通整理をしなければいけない場面もあります。

具体的には前述したとおり、「なるほど。そういうお考えもありますよね」というように、いったんその人の意見を受け取って、そこから自分が話し始めます。

もう一つは、その方の名前を呼ぶことです。名前を呼ぶと、一瞬「ん？」と止まってくれます。「○○さんの考えもいい意見だと思うんですけど……」と話をしておいて、そこから自分が話をし始めたりします。

この2つの手法は、会議などで使っていただけそうですね。

大勢の前で話すときは、ズームアウトして、会場全体に声が届くように話しています。視線も、会場中をぐるっと見渡すように動かしながら、「みなさんに話しかけてますよ」という感じにします。

逆に少ない人数のときは、「あなたに話しかけていますよ」という感じで、ズームインして話しかけるようにしています。

面白いことに、ラジオはマスメディアでありながら、「みなさんは」という言い方はあまり使いません。

一人ひとりにお話ししているという意識が強いので、「あなたは」や「リスナーのあなたは」という言い方にして、ズームインするイメージでやっています。

最後は私の話になってしまいましたが、話し上手の達人、参考になりましたでしょうか。

テレビ、落語や講談、ラジオは、聞いていると言葉の使い方、話し方が本当に上達します。ぜひ、楽しみながら学んでください。

ヒント16

自分が好きな分野で、
話し上手の達人を見つけてみましょう。

第3章

共感力を育む【生活習慣】

17

日々の生活のなかで「共感力」を高める裏技

電車に乗っているとき、みなさんは何をされていますか？

スマホを見ていますか？　本を読んでいますか？

私は人間観察の時間に決めています。電車に乗っていると、たくさんの人々の「今」や「暮らし」が目と耳に入ってきます。私が唐橋ユミだと割と気づかれないので、じっくり観察させていただいてます。

本を読んでいる人がいれば、少しお行儀が悪いのですが、「この人、何を読んでるのかな？」と本のタイトルをのぞき見して、その本を買うこともあります！

若い人の会話から、目新しい言葉の数々を聞くのも好きです。

「いちいち面白いから」「あの人、無駄にハンサムだよね」「エモい」など、そういったフレーズも現代を映す言葉として面白いなと思って記憶しておきます。

ある日、電車の向かいのシートに、子どもとおばあちゃんが2人で乗車していました。子どもがおばあちゃんのバッグを見て、「これ可愛いね」と褒めたあと、「おばあちゃんが死んだらそれちょうだいね」と屈託のない笑顔で話をしていて、思わず吹き出してしまいました。

また、別の日に見かけた老夫婦は、奥さんのリュックの紐《ひも》がねじれているのを、ご主人がそっと無言で直してあげていました。

ほっこりするエピソードを収集して、ラジオ番組でご紹介させてもらったりしています。電車はネタの宝庫。今日はどんな人に出会えるかなと、移動時間をとても楽しく過ごしています。

電車以外でも、私は人間模様が見える場所が好きです。

上京して、アナウンスの基礎を教えていただいた高橋圭三先生は、「喫煙所が、まさにそうだよ」と言われていました。ある人にとっては、それがサウナだったり、公園のベンチだったりするのでしょう。

いずれにしろ、いつも、「これはネタにならないかな?」と思いながら、アンテナの感度を高くして、面白い人やコトを見過ごさないように注意しています。

レストランでも、ついつい人の話に聞き耳を立ててしまいます。

『天国飯と地獄耳』（キノブックス）という、飲食店で隣席の会話に聞き耳を立てて妄想しちゃう岡田育さんのエッセイ本がありますが、まさにそれを地で行く感じで。そちらに夢中になりすぎて、同伴者に「私の話、本当に聞いてた？」と言われてしまうこともあります（笑）。

「共感力」とは、他人の気持ちに寄り添い、相手を理解しようとする力です。

共感力を養うには、人間観察がいちばんです。相手の立場になって考えたり、相手の感情を汲み取ったりするためには、人間を知ることが欠かせないからです。

大相撲の番組スタッフで、夏になると、キンキンに冷えたおしぼりを出してくださる方がいます。彼女はとても気が利く「共感力」の高い方で、親方たちにも、すごく感謝されています。

ある日、そんな彼女が収録をお休みしたことがありました。

そのときに、あらためて彼女の存在の大きさを再確認しました。

キンキンに冷えたおしぼりは、他者の立場に立って考えた、彼女のおもてなしの象徴でしたが、そのほかにも、みんなの気持ちを汲み取って、先回りして動いてくれることで現場がスムーズに回っていたのだと、実感しました。

それからは、コーヒーを淹《い》れてくださる方、お水を出してくださる方にも、意識してお礼を言うようにしています。

会社にお勤めの方でしたら、清掃員さんや、ガードマンさんに挨拶をするというのも、同じことですね。当たり前を当たり前と思わずに、周囲をよく見て心を配る。そこから円滑なコミュニケーションが始まるのだと思います。

ヒント17

スマホから目を離し、日常生活に、人間観察の習慣を取り入れましょう。

18

情報収集のアンテナを磨く

みなさんは普段、どんな方法で情報収集していますか？

人に聞いたり、新聞や本を読んだり、インターネットで検索したり、方法はいろいろありますね。

でも、ほとんどの方が「○○について知りたい」と思ったら、スマホにキーワードを入れて、サクッと調べてしまうのではないでしょうか。

たしかに、知りたいこと、調べたいことにまっすぐにアプローチするには、インターネットは便利で早いですよね。

でも、人生でもわりと寄り道が多かった私には、それだけでは、ちょっと物足りなく感じられてしまうんです。昭和の時代の人間なので、調べ物は一次資料に当たりたいのです。そんなわけで、私は図書館やSNSをよく利用しています。

前述したとおり、インタビューや番組ゲストをお迎えする際、事前にできるだけ下調べをしてからお会いするようにしています。

インターネット、さらに、SNSやブログをチェックします。そして、図書館や本屋さん、TSUTAYAや動画配信サイトで、過去の出演作、著作などを拝見するように心がけています。

キャスターの仕事は、本当はかなり地味な、水面下の努力が必要です。でもそういった調べ物がなくても、休日は図書館に行くことが多いです。いろいろな図書館を巡りますが、たとえば、港区の有栖川宮記念公園内にある都立中央図書館には、昔の大相撲のモノクロの映像がかなりあります。そこで、大相撲の昔の映像を観たり、スポーツ選手の映像資料を借りたりしています。

図書館や本屋さんで本を探すと、最初は大相撲の本を探していたのに、寄り道した途中の書棚で何か良さそうな本を見つけたり、今まで読んだことのなかったジャンルの本に出合えたりします。

ノーベル賞受賞者がインタビューなどでよく使う「セレンディピティ」という言葉。予測していなかった偶然によってもたらされた幸運、という意味ですが、まさにそんな幸運な偶然さがいいんですよね。

新聞の記事もそうです。隣に「お!?」という、今まで興味がなかったテーマの記事が飛び込んでくることも多々あります。それがいい。雑学、教養が図書館では身につく気がしています。

また、電車内と同じように、少しお行儀が悪いのですが、図書館でも隣の人が何を読んでいるのかなと、観察してしまいます。

返却棚は必ずチェックしますね。あそこは、誰かが借りて読んだ「リコメンドの棚」ですから、面白いものである可能性が高いわけです。

そんな、人の本棚をのぞき見しているみたいなところが好きで、図書館を巡っています。自分の本棚を見られるのは結構恥ずかしいですが(笑)。

人との会話やコミュニケーションでは、何が役に立つかわかりません。

以前、ネプチューンの名倉潤さんとバラエティ番組でご一緒したときに、以前、奥様の渡辺満里奈さんとの夫婦をテーマにした記事を読んだことがあったので、その話をしたところ、「え! なかなかあの雑誌を読む人はいないよ!」と感心していただきました。それは図書館で偶然に見つけた記事でした。

逆のパターンもあります。一度、地下鉄の構内に置いてあるフリーペーパーを見ていたら、前日にお会いした女優さんの記事が載っていて、目を通していなかったことをとても後悔したのを覚えています。

不思議なことに、何気なく見聞きしていたものでも、そう遠くない未来につながることがあります。

だから、何でも食わず嫌いをせず、その場所にあるものを「なんだろう？」と見るようにしています。

美容室に行ったら、普段読まない週刊誌や雑誌を読んでみる、新幹線に乗ったら座席裏の冊子を読んでみる。

もっともっと、知見を広げたい。それを出すチャンスがいつあるかわからないけれど、たくさん蓄えておきたいのです。

たとえば、生放送中にあるスポーツ選手の婚約を結婚と言い間違えてしまって、落ち込んだことがありました。ディテールは、やはり大切なのです。

新聞を読んだり、友人と話したりしているときに、コミュニケーションのヒントが浮かぶこともあります。

セレンディピティを求めて、日々、好奇心の赴くままに情報を収集し、楽しみながらインプットを続けています。

学生時代の勉強とはまた違った、人生を豊かにしてくれる面白そうなものとの出合いを、日々楽しんでいきたいですね。

ヒント
18

好き嫌いをせずに、
目に飛び込んできたものを拾って見てみましょう。

19 服装やエチケットで心がけていること

ファッションとは、「自分はこういうものですよ」と示すメッセージになるもの。相手に対する礼儀として、相手をおもてなしするというサービス精神をもって楽しみましょう。

そう教えてくれたのは、同じ事務所の先輩、フランソワーズ・モレシャンさんです。

フランス人らしい、とても洗練されたオシャレな方で、「オシャレ」と聞いてすぐに思い浮かぶのは彼女です。

モレシャンさんは、オシャレとは、流行のアイテムを身にまとい、ファッションセンスを競うものではなく、おもてなしであり、自分を名乗るためのメッセージなのだ、と私が上京したばかりの頃に、アドバイスしてくれました。

番組ではスタイリストさんが用意してくれた衣装を着ていますが、そういう気持ちを伝える手段としてファッションは有効だとアドバイスをいただき、なんだか肩の力がふっと抜けて楽になったことを覚えています。

オシャレというと、センスが気になり、最終的には無難な服装に落ち着いてしまう……という方も少なくないかもしれません。私も昔から、妹のほうがセンスが良くて、親にもよく「妹に教えてもらったらいいいんじゃない？」と言われていました。

妹は高価なものを身につけていなくても、服や小物の組み合わせで、ばっちり決まるオシャレさんです。同じアイテムを買っても、ニュアンスによって全然違ったり、そういう組み合わせがあったりするんだ！　と勉強になるほど。

私もオシャレをすること自体は好きなのですが、妹のようにセンス良く着こなせないことが少しだけコンプレックスでした。でも、オシャレは「おもてなし」、エチケットだと思うと、そんな気後れも吹き飛びました。

スタイリストさんがいない仕事、たとえば、企業の司会のときなどは、先方の要望を聞いてから服装を決めています。

ジャケット着用がいいと言われればジャケットを着て、目立ちすぎないよう、華美なものは避けるようにします。

「番組で着ているようなものでいいですよ」と言われたら、さらっとしたシンプルなワンピースを着ていくようにしています。

あらかじめゲストの洋服の色がわかれば、ゲストの方と被らない色を着ていくようにしています。結婚式では主役となる花嫁・花婿と被らないように、参列者は白い洋服は避けるというマナーがありますが、それと同じ考え方ですね。

また、ロケ番組では、ロケ先で靴を脱ぐ場所があるようなら、必ずストッキングか靴下を履くか、または持っていくようにしています。番組にはスタイリストさんもいますが、失礼のないよう自分で用意しています。

あとは、座ったときにスカートが短くなりすぎない丈を選びます。

また、巻きスカートで座るときは、足が見えすぎないように注意をしたりもしています。

女性には「ヒール問題」もあります。あまり背が高くない男性と共演するときは、ヒールの高さを調節するようにします。

私は背が小さいほうなので、あまり困ったことはありませんが、私が見下ろす形にならないよう、気をつけています。とくに、競馬にまつわる場所を訪れる番組「たしなみＬａｄｙ」を担当していた頃は、競馬の騎手には小柄な方が多いので、ぺたんこ靴を履くようにしていました。

オフはわりとラフな格好で、休日はパンツスタイルが多いです。よく散歩もするので普段はスニーカーを履いて、歩きやすい、動きやすい服装をしています。シンプルな服装でも、ネイルカラーがアクセントになっていたり、大ぶりなアクセサリーや帽子をコーディネイトのポイントにしたり、そんなオシャレが普段着のときは心地いいですね。

また、普通のＴシャツに飾りをつけてみたり、縫い目を変わったところに入れてみたり、ＺＡＲＡで買った服に色つきのボタンをつけてみたり、リメイクすることも好きです。

服の色が地味なものになりがちな方には、大きめのピアスやイヤリングをしたり、アクセサリーでメリハリをつけたりすることをおすすめします。

女優さんたちは、アクセサリーや小物ですごく上手に遊んでいる方が多いですよね。お年を召した方ほど、スカーフをさっと巻いて、首元のシワを隠しつつ、顔まわりを華やかにしています。オシャレな方は本当にお上手です。

私が毎日しているメガネも、ファッションアイテムとしておすすめですよ！

白髪のヘアメイクさんの方で、毎回いろんなメガネで遊んでいる方がいて。美しい真っ白な髪に黒縁メガネが本当にお似合いなんです。私もメガネは30個ほどコレクションしていて、服装や気分に合わせて楽しんでいます。

それからネイル。音楽評論家の湯川れい子さんにお会いしたときも、印象的でした。

お話の内容も素敵でしたが、身振り手振りでお話しされる、その手元が美しくて。キラキラしていて、でも派手すぎず、品があって素敵だったんですよね。

見た目も素敵なんですけど、相手との距離を縮める会話のきっかけになるし、自分自身も「気分が上がるから好きなんです」とおっしゃっていました。

そういうアイテムも大切だなと思いました。でもそのとき、ちょうど自分のネイルが剝げかかっていて、これは礼儀がなっていなかったと申し訳ない気持ちになりました。ネイルは目に入る機会も多いので、相手への礼儀としてだけでなく、自分の気持ちを上げるアイテムとして活用したいですね。

もしも、目立たないようにと服を選ぶ場合には、黒い服にはご注意ください。黒という色は、実はいちばん目立つ色なんだそうです。

都会的で洗練されたクールなイメージ、上品さや意思の強さなどを演出したいときには最適な色だと思いますが、カジュアルな場面ではインパクトが強すぎて目立ってしまいます。

「ごく普通なのになんだか素敵」に見られたいときには、ベージュやグレーなどのニュアンスカラー、淡いパステルカラーがおすすめです。

洋服は、まずは着ていて心地よいものを身につけるというのがいちばんかなと思います。そのうえで、似合う色をプロに見てもらうのもいいでしょう。

パーソナルカラー鑑定士に鑑定してもらい、私はサーモンピンクとゴールドが合うと言われたので、スタイリストさんにお伝えしてあります。

普段身につけない色が似合うと言われると、ちょっと身につけてみようかなという気持ちになりますよね。みなさんも一度、鑑定してもらってみても面白いかもしれません。

ヒント
19

オシャレは相手に対する礼儀であり、
自分のテンションを上げるものです。

20

体調維持のためのマイルール

あなたは、体調維持のために心がけていることはありますか？

私は、毎朝、白湯《さゆ》と甘酒をいただいています。朝起きて、初めて口に入れるのは白湯。

白湯は、健康や美容にいいと話題の健康法です。

インドの伝統医学アーユルヴェーダにもあり、内臓を温めるので、基礎代謝が上がり、体重がすっきり落ちたり、お通じが良くなったり、吹き出物が消えたりするそうです。

飽きずに続けるために、夏は梅干しを入れて飲んでいます。手作りの梅干しを送ってくださる方がいて、美味しいのでそれを入れています。ちょっと昆布茶を入れてもいいですね。レモンや蜂蜜を入れる方もいます。

それから甘酒。砂糖が入っていない、自然な甘みのものを福島のアンテナショップで購入してきて、冷やして飲んでいます（酒蔵の娘なのに「実家の麹で……」というお話じゃなくてすみません！　でも地元の米麹です）。

甘酒を飲み始めたきっかけは、出演した健康番組で「甘酒は点滴代わりになるくらい、体にいい」と聞いたことです。

体にいいと聞けばすぐ実践してみたくなるのが私の性分。飲んでみたら美味しいし、体調もいいので、私には合っていたようです。生姜を入れても美味しいし、ちょっと温めてもいいですよね。

毎朝、外に出るときや、仕事に行くときに、まさに点滴代わりに飲んでパワーチャージできる味方です。

また、「スマホは眠る1時間前には見ない」というのも、同じ健康番組で知ってから実践するようにしています。

夜遅くまでスマホやパソコンの画面から発せられるブルーライトを浴びていると、眠気を引き起こすメラトニンの分泌を妨げてしまうそうです。

そうなると、体内時計が狂ってなかなか寝つけなくなったり、不眠症や自律神経失調症など、体全体の不調を招いたりするといいます。

目が疲れるだけではないんですね。ブルーライトはお肌にも良くないそうです。ブルーライトは紫外線のUVA波に近い性質があり、真皮層にダメージを与えると言われています。

真皮層にはヒアルロン酸やコラーゲンを作る細胞があるので、そこがダメージを受けるとお肌の老化につながる、というわけです。

さらに、ブルーライトはメラニン色素を発生させ、色素沈着を起こすと言われていて、シワやくすみの元になるそう!!

心地よい睡眠を確保するために、ブルーライトカットのメガネを使用して、なるべく寝る前には見たりしないよう、心がけています。

食事に話を戻しましょう。私は、カロリーが多いからやめようとか、何時以降は食べないようにしよう、ということはしていません。

我慢してストレスをためるよりは、食べたいものを、食べたいだけ食べて、そのぶん、翌日は運動するようにしています。

「お腹にちょっと肉が……」と気になるようなことはありますが、おかげで体形にそんなに大きな変動はありません。

でも、最近ちょっとショックなことが……。

二の腕が出る写真をＳＮＳに載せたところ、「結構二の腕たくましいんですね」という書き込みをいただきまして（泣）。

これはまずいと思って、すき間時間にダンベル体操をしたり、ストレッチロールでエクササイズに励んだりしています。普段、特別なことはしていないつもりですが、ちょっとまずいと思ったときにはすぐ微調整をします。

お酒も好きだし、甘いものも大好きです。現場にコーヒーとアーモンドチョコがあると嬉しいですね。最近は、「Bean to Bar」と呼ばれるスタイルの、カカオ豆の種類や選定からチョコレートを作るまでの全工程にこだわったお店「Minimal」のチョコレートがお気に入りで、いつもカバンにしのばせています。このお店と出会って、カカオ豆が異なるとこんなにも味が違うのか！　と知りました。本当に美味しくて、おすすめです。

ちなみに、実家のほまれ酒造に「ショコラにごり」という、チョコの味のにごり酒もありまして、こちらもおいしいのでおすすめしたいです！

甘いもの好きが高じて、自分で小豆を炊いたりもします。

市販のものだとちょっとベタッと甘すぎるので、好きな分量の砂糖を入れて炊き、小豆だけをすくって食べています。シフォンケーキなど、お菓子作りも大好きで、食べたいものを作っては、幸せ気分に浸っています。

ダイエットとは、もともと「適切な食生活」という意味だそうです。食事制限はストレスがたまるとともに、代謝が落ちて逆に体重が落ちにくくなったりするそうです。

体内の巡りを良くして、きちんと食べたいものを食べて、そのぶん運動をして解消する。シンプルですが、このサイクルが私には合っているようです。

ヒント20

自分に合った、体内の巡りが良くなる心地良い方法を見つけましょう。

21

体と心のリフレッシュ（アウトドア編）

アロマ、ヨガ、ランニング、音楽、岩盤浴、おいしいもの、旅行……。

みなさんは、疲れた体と心をどんな方法でリフレッシュしていますか？

最近は、森林浴や瞑想、ハンモックなども人気のようですね。

私のリフレッシュ方法は、最近ハマっている登山、歩く、本を読む、映画を観る、水泳。収録終わりに火鍋を食べておしゃべりをすること。それから、日常と違う時間が流れている場所に行ってみることです。

アウトドアとインドアに分けて、詳しくご紹介していきたいと思います。


歩く。これはもう日課のようなものです。番組の収録終わりは靴を履き替えて、歩いて帰っています。歩いているといろいろな風景が見え、考えがまとまり、もやもやとあった小さな悩みが晴れていきます。

これは、歩くと「セロトニン」という脳内ホルモンが分泌されるからだそうです。セロトニンは「幸せホルモン」と呼ばれ、十分に分泌されていると、人は落ち着きや満足を感じます。散歩をしたあとは気持ちがいい、というのは科学的にも証明されていることなんですね。

それから、泳ぐ。週1回程度ですが、プールに通っています。今は新型コロナウイルスの影響で行けていませんが、1回行くと1キロメートルは泳ぐようにしています。

プールで泳いでいると、単純に気持ちがいいだけでなく、「なんだか調子が悪いな」「体が重いな」という些細な体の変化がよくわかります。不調のサインに早めに気づくことができるので、定点観測のメンテナンスとリフレッシュを兼ね、定期的に泳いでいます。

体を動かすのが好きなので、今は泳ぎに行けていないぶん、夜に歩いたりしています。スポーツジムには通っていませんが、ピラティスを3年ほどやっていました。

ピラティスは胸式呼吸によって筋肉を緩やかに動かすエクササイズなので、朝起きたときにやると、体の筋肉が一つひとつ目覚めていく感じで気持ちがいいのです。今もときどきやっていて、目覚めがいい感じがします。

睡眠中の副交感神経によるリラックス状態から、呼吸法とエクササイズですっきりと頭と体を目覚めさせていく。ピラティスやヨガは、朝のルーティンにすると良いそうです。

一日の始まりをすっきりとした気分で迎えられるだけでなく、交感神経のスイッチを入れることは体の代謝を良くすることにもつながり、血行促進や脂肪燃焼の働きを高める作用も得られます。

日常と違う時間が流れている場所として、たとえば居酒屋さんが好きです。夕方5時にはいっぱいになっているような大衆酒場。いいですよ。

私はお酒が好きですが、家ではあまり飲みません。ゆず酒を一杯飲むくらい。きっと、お酒を飲む時間、空間が好きなんでしょうね。吉田類さんがいそうな、コの字型のカウンターで見知らぬ人同士が肩を寄せ合って飲む、仕切りがない共有空間（今はちょっと難しそうですけれど）。

煮魚がもう売り切れで残念がっていると、隣のおばさんが「食べる?」と差し出してくれる。そんなコミュニケーションがたまらないんです。

一度、そうやって声をかけてくれた方が、母校の先輩だったりして、驚いたこともありましたね。

昼間からやっている居酒屋さんへ行って、他愛もない話をしているおじさんたちを、横から静かに見ているのもちょっと好きです。

人形町に住んでいた頃は、よくふらりと一人で行きました。「最近、イカが釣れないんだよ」といった釣りの話から、「こないだそこでボヤがあったよな」といったご近所の話。

落語の熊さん八っつぁんのやりとりみたいな、自分の日常にはない違った時間が流れる場所。そういう場所に行くと、ルールみたいなもの、たとえば、注文しようとして「今忙しそうだから、ちょっと待ってあげな」とお客さんに教えてもらえたりする。そういう体験が嬉しいです。

タイミングを計るとか、空気を読むという修行にもなりますし、なんだか異文化に触れたみたいで、ちょっと旅先にいる気分が味わえる。そういう体験がリフレッシュになっています。

そして、最近ハマっている山登り。

9月中旬に、陣馬山から高尾山まで尾根を伝って歩く、縦走登山をしてきました。いつも使わない筋肉を使ったせいか、8時間も歩いて膝がガタガタで。それを見た見知らぬ方が湿布を差し出してくださるほど、見る影もない姿でした。

でも、天を目指すように続いている山道は、静かで厳しく美しい。雲の切れ目からもれる、宮沢賢治が言う「光でできたパイプオルガン」が山肌を照らす光景には、しばらく立ち尽くしてしまいました。

山登りをしている人に話を聞くと、「本当に世界が違うよ」と言いますし、私が福島時代に落ち込んでいたとき、友達が何も言わずに誘ってくれたのも山でした。

あのとき、安達太良山に登って、『智恵子抄』の本当の空を眺め、初めて山の偉大さ、気持ちよさに触れて、山は本当に癒やされる場所なんだ、と感じたことが、そのまま印象に残っています。

兄が毎年、飯豊山に登っているそうで、かなりハードな岩山登山の様子を聞いていると、刺激的で面白くて、いつかそういう過酷なところも登ってみたいなと思っています。そして、疲れた身体を温泉で癒やすなんて最高です。

福島時代には車でちょっと走るだけで本当に美しい川に行けたので、そこでよくみんなで釣りをしたり、川沿いでキャンプやＢＢＱをしたりしていたんです。そういう原体験があるので、またそういうことをしたいという気持ちがむくむくと湧いてきています。

みなさんのおすすめのリフレッシュ方法も教えていただきたいです。

ヒント21

自分にあったリフレッシュ方法をつくり、つねに更新していきましょう。

22 体と心のリフレッシュ（インドア編）

続いて、インドアのリフレッシュ方法として、私がおすすめする、本や映画のことを少しご紹介していきたいと思います。

本を読むことは大好きですが、気分転換したいときに読む作品は、重くないエッセイが多いですね。エッセイは、その人の日常が感じられたり、言い得て妙な名言が多かったりするので大好きなのです。

さくらももこさん、伊丹十三さんのエッセイは、言葉がストレートで面白い。印象に残っている言葉をいくつか挙げてみます。

さくらさんの出産体験記エッセイ『そういうふうにできている』（新潮社）

〈渦中にいる時にやたら深刻になっているだけにすぎないのだ。そう思うと、あらゆる出来事の渦中にいる時にその流れを俯瞰《ふかん》で見る事のできる冷静さを持つ事

は非常に大切である。〉

さくらさんの青春をテーマにデビューまでを綴った『ひとりずもう』（小学館）〈毎日、人の数だけ違う事が起こっている。同じ日なんて無い。一瞬も無い。自分に起こることをよく観察し、面白がったり考え込んだりする事こそ人生の醍醐味だと思う。〉

伊丹十三さんの１９６５年出版の日本初のエッセイ本『ヨーロッパ退屈日記』（文藝春秋）〈正装する、ということは愉しいことである。社会の掟に、進んでみをまかせ、自らを縛する、というところに、一種の快い、引緊った安堵がある。タクシードを着て凛々しい快感を覚えぬ男がいるだろうか。〉

どうでしょうか？　ハッとさせられる言葉が多いですよね。

向田邦子さんのエッセイも、軽妙な文章なのに鋭い観察眼で、胸に残る言葉がいくつもあります。

日常の何でもない場面を向田さんの視点で切り取った『無名仮名人名簿』（文藝春秋）では、乗り物や劇場などでの「席取り」が苦手な向田さんに向けて、女友達が放ったひと言が刺さりました。

「待ってたら、席なんてひとつもないのよ、あんた、女の幸せ、とり逃がすよ」

何気ない言葉なのに、なんだか刺さる人間観察の巧みさに引き込まれます。短い時間に少しずつ読めて、考えさせてくれる余白もある。エッセイは気分転換におすすめです。

映画は、ホラー系以外は何でも好きで、重厚なテーマのものもよく観ます。

先日、ある人物の訃報に心が痛みました。87歳にして現役のアメリカ連邦最高裁判所の判事だったルース・ベイダー・ギンズバーグさんは、アメリカで知らない人はいないほどの女性です。

２０２０年9月18日に膵臓がんで87歳の生涯を終えたというニュースが伝えら

れると、最高裁の前には数百人が集まり、黙禱《もくとう》を捧げました。

なぜ、これほどまでにギンズバーグさんが尊敬されたのか。

私は2本の映画で彼女を詳しく知りました。アメリカで大ヒットした映画なので、観た方も多いと思いますが、映画「ビリーブ　未来への大逆転」では、20代から30代の若き日のギンズバーグさんが描かれています。

ドキュメンタリー「RBG　最強の85才」も合わせて観ると、母として、妻としての彼女を知ることができ、可愛らしい隙のあるキャラクターが見えます。

ブルックリンのユダヤ人の家庭に生まれた彼女は、ハーバード法科大学院に進み、転科後にコロンビア大学法科大学院を首席で卒業しました。にもかかわらず、「女性だから」という理由で就職できず、大学の教員になります。そこで教員をしながら、女性差別の問題に関わるようになります。

その後、弁護士として数々の性差別事件を手がけ、1993年に女性として史上2人目の最高裁判事になってからも、女性の権利を勝ちとるために生涯を捧げてきました。彼女がハーバードで勉強していた1950年代後半、大学には女子トイレすらなかったそうです。

「男性のみなさん、私たちを踏み続けているその足をどけて」

「真の変化は一歩ずつもたらされるもの」

「同僚の男性判事は性差別が存在しているとは思っていなかった。幼稚園の先生になったつもりで説き続けました」

彼女の言葉には説得力があり、周囲を巻き込む他者への「共感力」で世の中を動かしていきます。正義を求めて戦い続けた姿に、心から敬意を抱きます。

この2本の映画をきっかけに、アメリカの最高裁判事と政治の関係性や大統領選挙について、また、日本との違いを知り、考える一助になるかもしれません。


ドキュメンタリーは、動画配信サイトでもよく観ます。

ミュージシャンの密着や食の裏側のドキュメンタリーなど、興味深いものが多くて、ついつい観てしまいます。

そのほか、韓国映画の「タクシー運転手～約束は海を越えて～」や「パラサイト　半地下の家族」も面白かったです。

「タクシー運転手～約束は海を越えて～」は、韓国の現代史上最大の悲劇と言われる光州事件を題材に、ソン・ガンホ演じる能天気なタクシー運転手が、大金に目がくらんでドイツ人ジャーナリストを光州まで送り届けるが……という話です。市民デモに軍が発砲、多数の死傷者を出すという重い事件をテーマにしながら、笑いも交えた感動作になっています。

「パラサイト　半地下の家族」は、アカデミー賞で外国語映画として史上初となる作品賞をはじめ、数々の映画祭を席巻した作品として有名ですよね。

こちらも主演はソン・ガンホ。家族全員失業中のキム一家が、ひょんなことから大豪邸に暮らすエリート一家と関わることになって……という話です。正反対の2つの家族が、猛スピードで思いもよらなかった悲喜劇へと向かう、その疾走感、韓国でも問題になっている格差社会の描き方、人間模様。今まで経験したことのなかった映画でした。

エッセイを読んだり、映画を観たり。好奇心の赴くまま別世界に誘われ、刺激を受けることで元気をもらうのが私のインドアなリラックス方法です。

みなさんのおすすめの映画や本は何ですか？

ヒント22

ときには本や映画に刺激を受けて、
活力を充塡しましょう。

23

いいパフォーマンスはいい睡眠から

○脳や交感神経を休ませる
○成長ホルモンで代謝を促進する
○頭の中の記憶の定着と整理を進める

みなさんはよく眠れていますか？　どんな方法で睡眠の質を上げていますか？

人生の3分の1を占めるという睡眠。心身の健康のために、睡眠は大切なものです。先ほど、心地よく睡眠に入るために、寝る1時間前からスマホやパソコンを見ないことはお伝えしましたが、私は睡眠時間そのものも意識しています。

ごく稀に、ナポレオンやエジソンの伝説のように「3～5時間眠れば大丈夫」という方もいますが、睡眠評価健康機構によると、5時間未満の睡眠で足りる「ショートスリーパー」は約0・5％です。すべて遺伝によるもので、ほとんどの人には7～9時間の睡眠が必要だそうです。その睡眠には、

といったさまざまな役割があり、睡眠不足が続くと心身のパフォーマンスが低下します。不眠が続くとイライラして精神的にも不安定に。頭の働きも鈍くなります。

そういえば、仕事のできる人は、睡眠の質が高いという記事を読んだことがあります。人間は朝起きて、太陽の光を浴びることで体内時計がリセットされ、その14～16時間後にメラトニンが分泌され始めて、次第に眠くなるようにできているそうです。なので、休日に寝だめしたり、疲れて寝落ちしたりする眠り方ではなく、できるだけ「毎日同じ時刻に寝起きする」「起きたら朝日を浴びる」ことを心がけ、体内時計のリズムを整えることがいいそうです。

私も7時間の睡眠をとること、24時前には眠ることを心がけています。

そのほうが翌日の体の調子がいいですね。でも、もちろん寝つけないときもあります。布団に入っても1時間以上眠れないことも……。

でも、そこでいったん体を起こして照明をつけてということはせずに、ゴロゴロしたままラジオをつけたり、「ｒａｄｉｋｏ」で聞き逃した番組をちょっと聞いてみたりして過ごしています。次の日に重要な仕事や用事があるときなどは、眠れないと「どうしよう、どうしよう」と焦ってしまうこともありますよね。なるべく気にせず、ゴロゴロして自然と眠りに落ちるのを待ちます。寝つけないときにはラジオ、おすすめです。

眠るときに灯りはいっさい点けず、真っ暗にしています。

ホテルに泊まったときも、ちょっとしたスイッチや時計の灯りが気になるほうです。豆電球をつけて眠る人もいますが、一般的には睡眠中は暗いほど睡眠の質が高まるそうです。ＬＥＤやブルーライトの灯りは強いので、眠る1～2時間前から避けておきましょう。

あとは、寝る前にストレッチをすると寝つきやすくなるかもしれません。

わが家はバランスボールをつねにリビングに置いているので、15分ほど乗ってゴロゴロと体を伸ばすと、割と良く眠りにつけます。

寝具やパジャマは綿が好きで、肌触りにこだわっています。Ｔシャツよりも、パジャマに着替えて寝るのが好きです。

何でしょうね、あのパジャマの心地よさは。昔から着ているからでしょうか。シーツも寝返りが打ちやすいように、滑りがいいものを選んでいます。なので、タオル地のシーツは苦手です。こだわっていますが、大体、ニトリで購入します（笑）。

布団は、ちょっと厚めの羽毛布団を使っています。

羽毛布団は軽いのがいいのかと思いきや、適度な重さがないと安眠につながらないと聞きまして。ある程度重さがあるものに変えたら、包まれているように良く眠れるようになりました。夏もちょっと薄めの羽毛布団で、少し重さがあるものにしています。

あとは、お風呂が結構好きなので、湯船に実家のほまれ酒造の日本酒を入れて入っています。日本酒風呂は体の深部が温まるのでいいですよ！

調べたところ、就寝の30分～1時間前までに入浴するのが理想的で、ぬるめのお湯で下半身を中心に20分ほどつかると、いったん体の深部体温が上がり、入浴後に急激に下がるので眠りが深くなりやすいそうです。逆に、熱めのお湯だと、深部体温が上がりすぎて、交感神経を刺激して眠れなくなるそうなのでご注意ください。

忙しかったら足湯でもいいそうです。私は日本酒の香りも好きなので、気分的にも癒やされています。

私が睡眠で心がけていることが、少しでも参考になればいいなと願っています。

ヒント23

科学的根拠を参考にしつつ、自分に合った睡眠環境をつくりましょう。

24 スマホやPC、SNSとの付き合い方

ついつい見てしまうスマホ。もう私たちの生活から切り離せない必需品ですよね。私も、電車の中では見ないと決めているものの、コロナ禍で会話も聞こえてこないので、ツイッターを見たり、ニュースをチェックしたり、オンタイムの情報を得るツールはほとんどがスマホです。

テレビを「今日は1回も見なかった」という日はあるのですが、スマホを「今日は1回も使わなかった」という日はありません。せめて、ここから何時間は見ないようにしようと決めたりして、ささやかな努力を重ねているところです。

テレビは、落ち着いて別のことをしたいという日など、必要ないという日もあるので、そういう気分の日にはいっさい見ません。でも、テレビの仕事をしていますから、必要なものは録画して見るようにしています。

SNSでは、動物の動画に「いいね！」をするときもあれば、誰かの意見に、またニュース記事に対して、「いいね！」をすることもあります。

ラッコが顔をもみもみする動画に「いいね！」をする一方で、ある時事問題に対して、誰かが述べた意見に「いいね！」をしたときは、それぞれどのような理由なのかを言葉で説明できるようにしておくと、思考が深まって、人と話すときにも役立ちます。

ＳＮＳで流れてくる感動話には弱くて、ついつい泣かされてしまいます。

先日も、ある女性が抗がん剤治療で髪が抜けてしまうので、旦那さんが彼女の頭を剃毛して坊主にする、という動画に泣かされました。

それだけでも涙腺がもちませんが、奥さんの髪を刈り終わった瞬間に、自分の毛もガーッと刈り始める、その動画に大泣きしました。

寄り添う存在がいるというのが、どれだけ支えになるかという……思い出すだけで涙が出てしまいます。

なんだか最近、歳のせいなのか涙もろくていけません。子どもが買い物をする某テレビ番組を見ても、やっぱり泣いてしまいます。

一方で、40歳を過ぎた大人でよかったなと、最近思うこともあります。

ＳＮＳに限らず、周りの人に言われて傷ついた言葉が、これまでいくつもありました。ですが最近は、別にあの言葉はどうでもよかったな、と思うことが結構多くなりました。

大人になって悟りを開いたというか（笑）、言葉をふるいにかける自分の基準ができたというか、時々耳が遠い人になることができるというか。

「どの言葉を取捨選択するか」というポイントがわかってきました。

今まではこの人の言葉を意識してきたけれど、私にとって何の影響もなかったなという言葉もあるんですよね。関係のない言葉だったと。だから、それを自分で選ぶという目は備わってきた、大人になってよかったと思います。

ＳＮＳとの付き合い方もだんだん上手になってきました。

どうしても入ってきてしまうネガティブワードには、あまり触れないようにしています。苦情的なことのなかには、根拠のある意見に教えられることもたくさんありますが、あまりにもネガティブワードがあるときには「お暇《いとま》」するようにしています。

ツイッターにはＤＭもきます。「二の腕がたくましい」とかいろいろと……（笑）。

でも、取り入れる意見は取り入れて、そうではないものは、「そういう意見もあるよね」くらいの感覚で見ています。

だからもし、若いあなたがSNSでの誹謗中傷、心ない言葉に傷ついたりしているなら、

「あなたのこれからの人生に、その人の言葉は必要ですか？　会ったこともない、自分のことを何も知らない人に言われた言葉が。その人とこれから関わることはあるのかな？」

そんなふうに自分に問いかけてみてほしいと思います。

俯瞰で見たら、心ない言葉も「別に大したことないな」と手放せるようになると思いますよ。

ヒント24

本当に必要なのかを考えながら、いい距離感をつかむようにしましょう。

25

言葉のセンスを磨く最適なアイテム

同じようなことを言っているはずのAさんとBさん。

でも、Aさんの言葉はすっと入ってきやすいのに、なぜかBさんの言葉は頭に残りません。いったい、AさんとBさんの違いはどこにあるのでしょう？

2人の違いは、きっとその話し方にあります。

Aさんは、聞く人の目を見て、ゆっくりとしたペースで、たとえ話を交え、言葉を選びながら、「聞きやすさ」や「伝わりやすさ」を意識して話をします。

Bさんは、相手が理解しているかどうかは気にせず、専門的な用語を使い、抑揚のないマシンガントークで、聞かれたことに答えるだけ。

ここで重要なのは、言葉は、伝えようとしなければ伝わらないということ。私が大切にしているのは、「伝わる言葉」「人を惹きつける話し方」です。

たとえば、私たちも無意識に使ってしまう「大丈夫です」という言葉。

実家にいる際に、母から「麦茶はいる？」と聞かれ、「大丈夫」と答えました。すると父から「その大丈夫という言葉、引っかかるな。大丈夫って、いらないですということでしょ？　ならば大丈夫という返答は変じゃないか？」と言われて、ハッとしました。

たしかに、言われてみれば変な使い方ですよね。

言葉選びの上手な方はいます。ぜひマネしていきたいところです。コップに入った水を「もうこれしかない」と言うか、「まだこれだけある」と言うか。同じことを言うのでも、言い方を変えるだけで印象が変わるものです。

「嫌いなんだよね」を「苦手なんです」と言い換えたり、「つまらない企画だ」ではなく「もうひと工夫ほしい」と言ってみたり、「仕事が遅い」ではなく「仕事が丁寧」と褒めてみたり。ポジティブに言い換えるクセをつけると気分も上がります！　ぜひお試しください。

言葉の上手な使い方を学ぶのに、役立っているツールがあります。

それは、日記です。高校時代から書き始め、もう25年以上、毎日ずっと書き続けています。その日にあった些細な出来事や、出合った言葉、悔しい思い、誰にも言えない罵詈雑言など（笑）。

たくさん書くというよりも、記憶の覚書みたいな感じでちょこちょこっと書く感じです。

スポーツコーナーを担当しているので、スポーツ選手の言葉をメモしていることも多いです。

体操の内村航平選手がけがをしていた頃。その時期の新聞記事から、「けがをするということは、まだ下手だということ。下手だから伸びしろがある。これをしっかり治してはい上がってやろうと思う」という彼の言葉を写しています。自分の気分を上げたいときに、「落ち込むときはとことん落ち込む。あとは上がるしかないよ」と、独り言ポエムを書いている日もあります。正直、誰にも見せられません（笑）。

今までの日記帳はずっと取ってあります。時折、見返しては切なくなることもあります。当時の自分を思い出して、高校生の頃の無邪気な自分、大学を卒業して将来の進路が見えなくて悩んでいた自分、福島の地方局時代のガムシャラだった自分、上京してから数々の壁にぶつかりながら乗り越えてきた自分……。「当時の自分」に話しかけて、悩みを聞いてあげたくなることもあります。

日記には、いくつかのメリットがあります。

まず、感情の浄化、思考の整理に役立つそうです。また、毎日の楽しかったこと、素晴らしかった出来事を書き出すことで、自尊心も高まるそうです。

さらには、書くという行為により、クリエイティビティが高まります。文章力が高まるだけでなく、自分を客観視したり、複雑なアイデアを効果的に処理したり、伝えることができるようにもなります。

過去の自分と今の自分。

日記帳をつけることで、交わらなかった2つの存在を見比べたり、変わらないところに安心したり。

自分であって「今の自分」ではない「過去の自分」は、共感できるところもあり、離れて見るから客観的にじっくり観察できるいい題材かもしれません。

「完全な他人」よりも気持ちを理解、共感しやすい「他人」なので、比較・観察を通して共感力が鍛えられそうです。

当時の自分と今の自分を比べてみる。日記は、もっと自分を好きになれるアイテムかもしれません。

あなたも日記を始めてみませんか。

ヒント
25

言葉の使い方の勉強になるばかりか、日記は自分との対話ができるツールです。

第4章

共感力を育む【心の整え方】

26

心を整えるためのルーティン

スポーツの世界では、野球のイチローさんやラグビーの五郎丸歩選手をはじめ、試合前にルーティンを行う選手が多いですよね。

2回目の全米オープンの優勝をはたしたテニスの大坂なおみ選手も、「靴は右から履く」「朝食は必ずサーモンベーグルを食べる」「ポイントごとに2回ジャンプする」など、独自のルーティンをもっています。

そもそも、なぜスポーツ選手はルーティンを重視するのでしょう。

専門家によると、天候や観客など、自分ではどうにもできないことに不満や意識が向くと、本来のプレーができなくなってしまう。なので、今やるべきことに意識を集中させるために有効なのが、ルーティンなのだそうです。

日常的にやり続けることで、どんなシチュエーションでも、過度な緊張を避けることができ、ほどよくリラックスした気持ちでプレーできるようになるので、みなさん取り入れているわけですね。

最近では一般の方でも、独自のルーティンをもっている方が多いようです。

私はよく「唐橋は全然緊張してなかったな」と言われます。思えば、初回の「サンデーモーニング」の放送も、緊張して前日も眠れなかったのに、プロデューサーからはそう言われました。ですが、滅相もありません！　実は緊張しているのがバレないように、日々意識して行っていることのおかげです。私が実際に行っているのは次のようなものです。

○　自分の分身が俯瞰して見ているイメージをもつ

具体的には、漫画の表現によくある、「天使ちゃん、悪魔くん」みたいに、私の分身がパタパタ飛んでいて、「その表情だと相手を緊張させちゃうんじゃない？」という感じでツッコミを入れてくれます。

おそらく転校先で最初は馴染めず、休み時間に1人で、自分の姿を遠くから見ることをしていたので、その癖なのかもしれません。分身のツッコミのおかげで、自分を他人のように突き放して見ることができ、平常心でいられます。

○口角を上げる

スタッフルームに入るときは、笑顔で入るようにしています。

余裕がないと口角が下がってしまうので、相手に不安感を与えないように、意識して口角を上げています。

インタビュー中など、次の質問をどうしようという焦りがあると、下を向いたときにすごく硬い表情になりがちです。ですが、口角が上がっていると、手元に視線を落としていても表情がわかるので、相手を安心させることができます。

○丹田に重心をもっていく

緊張していると、人は呼吸が速くなり、早口になりがちです。

そうなりそうなときは、おへその下の丹田に力を入れて呼吸をすると心が落ち着きます。重心を下にもっていくイメージです。

声のレッスンのときは、前述したように、重い2リットルのペットボトルを2本、両手でもってレッスンしますが、そういう感覚で声を出していくと、落ち着いているように見られますし、声のトーンも落ち着きます。

ネガティブな感情が噴出している人や物からは「お暇《いとま》」するようにしています。

そして、ネガティブな言葉は、それに左右されてその空気に飲まれる気がするので言わないようにしています。

具体的には、何かご忠告いただいたときは、「ごめんなさい」ではなく「ありがとうございます」と言うようにしています。

代わりに何かやってくれた人に対しても「ごめんなさい」と言いがちですが、「ありがとうございます」と言うようにしています。

世の中には、何にでも必ず負の反応をする人がいます。

そのなかには的外れの批判があったり、あら探しを目的とした批判もあったりするので、それらを全部受け止めないことが大切です。

「健全な精神は健全な肉体に宿る」という有名な言葉がありますが、やはり、規則正しい生活を送ることで、日頃から気持ちに余裕をもてる状態をキープすることが大切ですね。

もともとあまり感情の起伏を見せないほうなのですが、もしかしたら、プールで泳いだり、歩いたり、運動するのが好きなせいかもしれません。

たまにランニングもしますが、作家の村上春樹さんは「ランニングとは動的な禅である」と言っています。運動には禅に通じるものがあるかもしれません。

ヒント26

自分のルーティン＋運動で、心と体を整えましょう。

27

状態が良くないときの対処法とは

なんだか気分が乗らないとき、体が少し重く感じるとき、ちょっと元気のないとき、みなさんはどうやって過ごしていますか？

私は、無理して気分を上げようとせず、家でゆっくり過ごします。エッセイを読んだり、映画を観たり、料理を作ったりしています。

良くない時間も無駄にはしたくないので、興味のある分野の本を読んだり、知らない言葉を取り入れたり、何か学びを入れるようにしています。すると次第に落ち着いてきます。

以前、何かの記事で読んだのですが、原稿を書くときは、煮込み料理を作るという作家さんがいます。少なくともどちらかはできあがるので、ちょっと無理そうだなと思ったら、２つのことを同時にやって保険をかけておくのだそうです。

面白い考え方だと思い、知って以来、私もやっています。

実家にいるときは、料理上手な母の手料理が出てくるので、あまりしませんでした。料理をするようになったのは、一人暮らしを始めてからです。何年か前には料理教室にも通いました。築地から魚を買ってきてさばいたりする先生で、とても勉強になりました。正直、私にはレベルが高すぎましたが（笑）。

好きな料理は、煮込み料理と皮から作る餃子です。

白インゲン豆をまず6時間水につけ、それをベーコンと缶詰のトマトとタマネギと一緒に煮ます。シンプルだけどとても美味しくいただけます。さらには生のトマトも入れて、厚手の鍋でコトコトと。

煮込み料理は、放っておけるけれども、パッとできるものではなく、ちょっと時間がかかるところがいいですよね。炒め物より、やった感もあります（笑）。だいたいラジオを聞きながら、料理の時間を楽しんでいます。

餃子を皮から作るのも好きですね。ユーチューブで本場、中国の方の手さばき動画を見ていますが、本当に驚きます。

小麦粉を練って伸ばして細かく切って、瓶で丸くして麺棒で伸ばす早技。簡単に習得できないことはわかっていても、習得したい！　薄く均等にするのが難しいんですが、コツは真ん中を少し厚めにすること。ほんのちょっとだけ。丸くです。

野菜は多めで、キャベツの割合を多めにすることと、塩をかけて水を絞るときに絞りすぎないことがポイントです。

時間がなくてこの最初の手順を省きたいときに簡単で美味しいのは、「東京餃子通信」（https://www.tokyogyoza.net/）の塚田亮一編集長のレシピです。白菜の浅漬けを使って、水洗いして水気を絞ったら塩もみのひと手間が省けます。簡単なのに美味しいのでおすすめです。

食べるときは、お酢にコショウをたくさんいれて食べるのが好きです。これは餃子屋さんで教えてもらった食べ方です。これでもかというくらいコショウを入れると美味しいですよ。

最近読んで面白かったのが、小林秀雄、開高健、山際淳司、沢木耕太郎ら、錚々《そうそう》たる面々による『彼らの奇蹟　傑作スポーツアンソロジー』（新潮社）です。

そのなかでも、三島由紀夫の言葉に惹かれました。

彼は、ボディビルをやり、ボクシングもやられていましたが、スポーツのあとのシャワーの気持ちよさについて書いてある3行に、すっかり心をわしづかみにされました。

〈運動のあとのシャワーの味には、人生で一等必要なものが含まれている。どんな権力を握っても、どんな放蕩を重ねても、このシャワーの味を知らない人は、人間の生きるよろこびを本当に知ったとはいえないであろう〉

この3行だけで、シャワーの快さ、気持ちよさ、なんとも言えない感じが表現されている。こういったぐっとくる言葉を発見したときは嬉しいですね。

そして、そうして知り得た言葉が、日常生活の会話で、ピタっとハマったときは、気持ちがいいですね。

高く飛ぶためには助走が必要なように、状態が良くないときは「助走期間」と考えてください。ゆっくり本を読んだり、映画を観たり、美味しいものを食べたり。

夢に向かって大きく飛ぶためのしばしの休養として、しっかり休みましょう。そして、何か学びを入れておくと、次に飛ぼうとするときの糧《かて》にもなります！

ヒント
27

好きなことをして心と体を休ませながら、
次への準備をしましょう。

28

とことん落ちているときの回復方法

大失敗をして落ち込んだとき、明らかに気分が落ち込んでいるとき、思わず「はぁーー」と長いため息が出てしまうとき、あなたはどう回復していますか?

よく「落ちるとこまで落ちたら、あとは這い上がるしかないから」と言いますが、本当にそのとおりだと思います。前述のリフレッシュ方法で気分が戻ればいいですが、落ち込み具合が深い場合もあります。

そんな落ち込んだときは、「私は今、落ち込んでいる」と認めること。そこから始めましょう。落ち込むときは、落ち込んでいい。失敗しない人はいないし、過ぎたことは取り戻せません。

いちばんいけないのは、失敗したことを何度も反芻《はんすう》し、落ち込んだ気分を引きずることです。恋愛で言うなら、恋人が去ってしまった事実や寂しさを嘆いてばかりで、なぜそうなったのか、自分に悪いところがあったのではないかと、クヨクヨ引きずることです。答えが出ないことは引きずらず、物事を整理して、少しずつ納得して、自分で切り替えていくのがいいでしょう。

恋愛でも、人間関係でも、大きな傷は、時間に身を委ね、「時間が忘れさせてくれるのを待つ」というのも手だと思います。

仕事の場合は、仕事で返すようにしています。相撲でいうところの「土俵の怪我は土俵の砂で治す」の精神です。

たとえば、「サンデーモーニング」で、こんなミスがありました。

ある国の国旗を、逆さまにして出してしまったことがあります。それは若いスタッフが信憑性に欠けるサイトからもってきたのが原因で、端っこの模様が天地逆になっていました。そういったときに、「自分が間違えました！」と謝まる人もいますが、そうではなく、何事もなかったかのように帰っていく人もいます。

そこは「自分の失敗を自覚しています」ということを、みんなに伝えるべきだと思います。チームで仕事をするうえでは、自分のせいで失敗したことをちゃんと伝えておくことは大切です。

失敗を責めるわけではなく、次に向けての情報を共有しておくという姿勢ですね。その姿勢を自分自身ももつようにしています。

以前記事で読みましたが、仕事ができる人というのは、ミスをしない人ではなく、失敗したあとのフォローが上手だったり、失敗を次に活かす行動ができたりする人なのだそうです。

実は、真面目な性格の人ほど、二度と失敗しないようにと反省するので、落ち込みやすいものです。

「反省する」のは良いことだと思いますが、「失敗を悔いる気持ちばかりを引きずってしまう後悔」はNGです。それよりも、失敗を認め、「同じ失敗を繰り返さないためには？」と考える、「頭の切り替え」が大切です。

頭を切り替えるには、気持ちを切り替える、落ち込んだ気分を一度終わらせる作業が必要です。

そんなときは、先ほども登場したルーティンが、心理学的にも有効だそうです。「落ち込んだらいったん寝る」「走りに行く」「お酒を飲む」「王様の耳はロバの耳。SNSに匿名で愚痴《ぐち》る」「手帳に全部書き出し、考えることをいったんやめる」。周りの人にリサーチすると、さまざまな方法が挙がります。

私がとことん落ち込んだときのルーティンは、ドライブです。

運転が好きなので、車を運転しているといい気分転換になりますし、最終的には海や山など、自然豊かなところに着きますから、景色にも癒やされて、気持ちのいい風に当たって、かなりリフレッシュできるのでおすすめです。

この間も伊豆までドライブして、お蕎麦《そば》を食べて帰ってきました。

途中、偶然立ち寄った伊豆山神社で源頼朝と北条政子が腰掛けて語りあった石があると知り、８３７段の石段を上がり、石をすりすりと触ってきました。それだけでも良かったのですが、境内を見渡すと、奥に山へ続く参拝路がありました。「たいへん険しい場所があります」という注意書きに山登りのスイッチがオンになり、１時間ほど、本宮まで歩き続けました。

「ああ、ここが『枕草子』でも紹介されてる子恋の森かあ」

なんて優雅な気持ちになれなかったのは、蚊の大群を追い払うのに力を尽くしてしまったからかもしれません。でも、神社は気持ち良い風が吹いて景色も最高でした。

私は会津で育ったからでしょうか、自然と歴史ものには興味が湧きます。

ちなみに会津藩主・保科正之のファンです。

余談を挟みましたが、落ち込んだときはひたすら歩くことも、その一つです。気持ちを立て直せるようになるまで歩き続けます。

この前悩んだときには、気がついたら3時間くらい歩いていました。

歩くことは本当にいいんです。気持ちの整理ができて、ミスを人のせいにもしなくなります。

だいたい番組が終わってから、ゆっくりと街の中を歩いていきます。いつもは1時間くらいなのですが、その日は3時間！　われながらよく歩きました。

人間は長らく狩猟生活をしていたので、歩いて獲物を探していた頃の名残りで、歩くときには五感がよく働くようになっているといわれます。

歩くことで脳に酸素が大量に送り込まれるので、脳が活発に働くのだとか。アメリカでは、アップル創業者のスティーブ・ジョブズ氏や、フェイスブックのCEO、マーク・ザッカーバーグ氏、バラク・オバマ元米大統領などの著名な方々も、歩きながらミーティングをする「ウォーキング・ミーティング」をとりいれていたそうです。

人間の脳には新しいものを好む「ネオフィリア」という性質があるそうです。

一方で、脳には、退屈になると余計なことやネガティブなことを考えてしまう癖があるとのこと。ネオフィリアが弱って、落ち込んだ状態が続いてしまうときには、自分で新しい刺激を作って脳内のネオフィリアを活性化してあげると、効果的に立ち直れるそうです。

ですから、いったん受け入れたあとは、読書、映画、音楽、旅行、友人との語らいなど、何でもいいので新しい風と出合うことで帆を上げることができるでしょう。

気持ちが乗らないとき、体調がすぐれないとき、プロだっていろいろあります。いつも万全な現場ばかりではありません。それはみなさんもそうですよね？

ですから、落ち込んだときのルーティンも、準備しておくといいでしょう。

ヒント28

落ち込んでいることを認めつつ、
いつもと違う風に当たってみましょう。

29

好きな人への気持ちの伝え方

友達、恋人、家族。お世話になった方や好きな人へ、あなたが気持ちを伝えるのは、贈り物ですか？　言葉ですか？

私は、お誕生日やクリスマスなど、特別なときだけではなく、ふと立ち寄った雑貨店で、旅先で、大好きな人の顔が浮かんだら、何でもない日の小さなプレゼントを購入したりします。

小さなお菓子や雑貨って、ちょっとしたお礼や手土産にも便利ですよね。

私は、誰かに何かをいただいたり、していただいたりしたら、それを「サンクスノート」と呼んでいるノートにメモしておきます。

次に会ったとき、「こんにちは」のご挨拶のあとに、そのときのお礼を言わないと、「この間こんなことをしたのに、忘れちゃったのかな？」と思われたら困るからです。自分がしたこと、されたこと、どちらも大切なので、本当に全部書いておきます。

どこどこに行ったときに、私が何を持っていったとか、予約を取ってくれた人、何かしていただいた人に感謝を伝えることを忘れないように、細々と書き記してあります。

たとえば、「前月は○○さんという人をお待たせしてしまった。その3日後に、おせんべいを持っていった」と書いてあります。メモがあると、そのときの記憶がよみがえります。

スマホのリマインダーやスケジュールで完結する人もいるなか、日記？　サンクスノート？　と思われる方もいると思います。

理由は単純明快！　ただ単に見やすいからです。

好きな人たちへの感謝の気持ち、そのやりとりを記入したノートがあると、開いたときに、その感情が再現されて、ほっこりするんです。

サンクスノートはスケジュール帳と一緒になっていて、見開きでその月が見られるようになっています。ほんと、何でもメモしてますね……。

〈ラーメン屋で若い店員がラーメンのトッピングの位置を注意されながら、私のラーメンに取りかかった瞬間に、指導役のお兄さんが、慌てて何かを引っ込めた。あれは何だったんだろう〉とか書いてあります（笑）。そのほか、〈瞬間接着剤で指がくっついて焦ったけど、ネットで対処法を調べたら同じような人がたくさんいて、なんか安心した。SNSに慰められた〉

〈「サンデーモーニング」で体を張ったフライボード体験した際に、張本さんからあっぱれをいただいた〉

〈本番で着たレース生地の衣装に「なんだ今日はすごいな、ハッタリかましてるな！いいじゃないか！」と張さん独特の褒め言葉〉

などなど。贈り物に限らず、すぐ忘れてしまいそうなこと、でも忘れたくないことを綴ってあります。

メモ魔ですね。日記と一緒で、日々の些細なことを忘れずに、たくさん書きつけて覚えておきたいんです。

いつか、どこかで、それが役立つかもしれません。

社会が効率化に向かっているなか、アナログのノートに書き付けているのは、完全なる私の趣味です。

でも、好きな人たちとの心の交遊録にもなっているので、たまに喫茶店でコーヒーを飲みながら見返したりすると、元気がもらえたり、思い出してくすりと笑えたりします。アナログですが、おすすめです！

ヒント
29

人は忘れてしまうもの。
可視化することで過去の自分と共有できます。

30

感謝の気持ちの示し方

人は、優しさに触れると、人に優しくしたくなるものです。

旅先の旅館で、いつものレストランで、おもてなしやサービスを受けると、心がグーッとほぐれませんか？

道端で知らないご婦人から「おはよう。いい朝ね」なんて声をかけていただいたら、私も誰かに「いい朝ね」と声をかけたくなって、その日一日、ハッピーな気持ちになります。

優しさや感謝は循環するのだと、最近つとに感じるようになりました。

考えてみれば、若い頃はもう、自分のことで精一杯でした。仕事もプライベートもバタバタで、忙しくて誰かの優しさに感謝したりするところまで気持ちがまわりませんでした。

でも、40代に入ってようやく、周囲に気がまわるようになってきました。大人になると涙もろくなるというのは、そういう感謝の気持ちとか、その人がしてくれた過程を想像すると泣けてくる、というのがあるかもしれませんね。

ある企業のイベントの司会をしたときのことです。

担当の女性が、スヌーピーのイラストの描かれた缶に入ったチョコレートを控室に用意してくださいました。ホテルの香り高いコーヒーだけでもありがたいのに、チョコレートも美味しく、しかも、缶がとても可愛くて、捨てずにとっておいたほど嬉しかったのを覚えています。

そして1年後、また同じ仕事をいただき、その女性と再会しました。前回のお礼を言うと、女性は「覚えていてくださったんですか！」ととても喜んでくださいました。

また、違うイベントでも、感謝のメッセージをきっかけに、前回と違うメガネをしていたことや、海外旅行に行くと言っていましたが日焼けしましたね、そういえばお子さんが生まれたそうで、などなど、たくさんの話題で盛り上がったことがあります。

自分が手帳に何でも書きつけておくメモ魔でよかったなと思う瞬間でした。

感謝の気持ちを伝えるときに、ただ「ありがとうございます」とお伝えするよりも、2回目以降であれば、「あなたのことを覚えています」というメッセージを加えたほうが、相手との距離感が縮まって、いい関係になれます。

いいレストランでは、2回目以降のお客様には、「前回はこちらを召し上がりましたが、今日はどうされますか？」「●●が苦手だとおっしゃってました

「今回も抜きますか？」など、よね。そして、それはとても大切にされている気分になります。

先日、焼肉屋さんで「次、ホルモンきます」という店員さんの言葉に、「あっ」とちょっと戸惑った反応をしてしまいました。

すると「大丈夫ですよ、キャンセルできますよ、そうですね、いつもより1品多いですもんね」と返ってきました。

人気店で大勢のお客さんを相手にしているなかで、注文数を細かく把握していることに驚き、思わず手を合わせたくなるおもてなしでした。

気楽に入れる寿司屋さんで、次は……と飲み物を検討していると、すかさず

「日本酒ですか？」と声をかけてもらったことも。毎日通っているわけではない

のに流れを把握してくださっているなんて、嬉しかったです。

金沢の老舗旅館「和倉温泉加賀屋」では、おもてなしとはお客さまが求めること

とを求められる前に提供することだとしているそうで、まさに、そういうおもて

なしと同じことを、できるだけ返していきたいと思っています。

いいことはどんどんマネして、取り入れていくのが唐橋流です。

メールでも、電話でも、「先日の●●の節はお世話になりました」とひと言添

えるとか、「ご無沙汰してます、○○さん」とお名前で呼ぶだけでも距離感が縮

まります。

そのひと言のためにも前述の、嬉しかったこと、人に受けた優しさや親切、そ

んなことをメモしておく「サンクスノート」、おすすめです。

再会したとき、感謝をお伝えしたいときに役立ちます。

若い頃はこういうことをおざなりにしていたので、「あのときにもっと感謝し

たかったな」という思い残しがあり、今はちゃんとやろうと思っています。若い

頃にできなかったぶんも、感謝をお伝えするようにしています。

「ペイ・フォワード」という映画があります。優しさが循環して、みんながハッピーになる話です。

自分が人の親切に触れたり、丁寧に接してもらったりしたら、その幸せな気持ちを次の人にまわしていきましょう。そうしたら、きっと世界はもっと感謝であふれますよね。そうなっていきたいものです。

ヒント
30

幸せな気持ちは循環します。

自分が感じたら次の人につなぎましょう。

31

自信をもって日々を送るための準備

自信をもって日々を送るために、私がバイブルとしているのは、外山滋比古さんのエッセイ『思考の整理学』（筑摩書房）です。

２０２０年７月に96歳で亡くなられた英文学者で、お茶の水女子大学名誉教授だった外山さんが書かれたこの本は、１９８３年の刊行ながら「東大・京大で一番読まれた本」として累計発行部数２５３万部を超える大ベストセラーです。

受動的に知識を得るだけでなく、「自分でものごとを発明、発見する」能力を身につけるようすすめるこの本を、何度も読み返しながら、少しずつ実践するようにしています。

記事の集め方とか「とにかく書いてみる」とか「しゃべる」とか、すべてが勉強になります。

この本のなかに、「やはり声は考える力をもっている」という一文があります。

〈書き上げた原稿を読みなおして手を入れる。原稿は黙って書くが、読みかえしは、音読する。（中略）もし、読みつかえるところがあれば、かならず問題がひそんでいる。再考してみなくてはならない。沈黙の読み返しでは、たいていこういうところを見のがしてしまう〉

〈声は、目だけで見つけることのできない文章の穴を発見する。声は思いのほか、賢明なのであろう〉

〈われわれは頭だけで考えるのではなく、しゃべって、しゃべりながら、声にも考えさせるようにしなくてならない〉

ハッとする名言の宝庫です。この本に刺激を受け、インプットばかりでなく、アウトプットも重視するようになりました。

声の仕事以外に、エッセイを書かせていただくこともあります。

書くほうがじっくりと考えられるし、書く仕事も好きですね。

よく見るのは、本の紹介、新聞の書評欄。どういうふうに感想を書くんだろう？　難しいんだろうなと考えながら読んでいます。

あらすじをほとんど書いて、最後に感想を書く人であったり、本の内容になぞらえたような自分のエピソードをもってきて、自分事として書く人など、勉強になります。

会話の際も、自分事としてとらえて話すということを意識すると、伝わりやすく、言葉を当てはめやすいと思います。

以前、永六輔さんがこんなことを言っていました。

「人に面白い話をしようと思ったら、実は何十回もいろんな人に話をして組み立てていくんだよ。ただ思いついたことを面白く話すんじゃなくて、何人もの人に同じ話を試してみる。そのときのリアクションも含めて、そこから微調整していくんだよ」

たしかに、司会をするときもそうですが、人のリアクションで自分のしゃべりも組み立てても変わります。話し方を少し変えることもあります。

みなさんも、永さんの言うように、いろんなタイプの人に話をしていくのもいいかもしれませんね。恥ずかしかったら、まず親友とか家族とかに。

そして、たくさん言葉をストックしておくと良いと思います。それには人間観察、情報収集が有効です。

憧れの人がいて、その人に近づきたいと思ったら、口調や間をマネしてみるのもいいと思います。スマホで録画したり、録音したりしてみるといいかもしれませんね。

ヒント31

学んだことは恥ずかしがらず、どんどんアウトプットしましょう。

32 また会いたいと思ってもらえる別れ方

好印象をつくるのに大切なのは、第一印象と別れ際だと言います。

「今日はあなたと話すことができて、とても楽しかったです」

そう言われたら、誰だって嬉しいものですよね。

「また近いうちにお会いしたいと思います」

「またお目にかかれる日を楽しみにしています」

気持ちのいい挨拶で締めくくって、好印象を残したいものです。


たとえば、会食の別れ際のときです。みなさん、お金を出してくれた方には「ごちそうさまでした」とお礼を言いますよね。お店の人にも「美味しくいただきました」と挨拶します。

でも、そのお店を予約してくれた方に対しては、お礼するということが抜けることが多いと思うんです。その方は、自分の時間を削って、もしかしたらリサーチして良いお店を決めてくれたかもしれません。その方に対して「予約してくれてありがとうね」と、私はひと声かけるようにしています。

中国のことわざに「喝水不忘掘井人」（水を飲むときに、井戸を掘った人を忘れてはならぬ）というものがあります。

これは、1972年の日中国交正常化の際に尽力した岡崎嘉平太さんに対し、周恩来氏が、

「中国には『水を飲むときには、その井戸を掘ってくれた人を忘れない』という言葉があります。まもなく田中（角栄）総理は中国に来られ、国交は正常化します。しかし、その井戸を掘ったのは岡崎さん、あなたです」

と言ったという言葉で、ちょっとジーンとくる素敵な言葉なので、時折思い出してはわが身を振り返り、背筋を正しています。

もしも、予約してくれた方がアピールするタイプで、「この店、本当に予約が取れない店なんだよね」「いつもはメニューにないものを頼んでおいたから」とわかりやすく言ってくれると、みんなも気づきますが、そういう人ばかりではありません。

私はアピールしてくる人はわかりやすくていいと思います、映画「男はつらいよ」の寅さんみたいで。スペシャルだと言われると、ただのお刺身も格別に美味しく感じます（笑）。

お土産をいただくときも、形式どおりに「つまらないものですが」と謙遜されるよりも、「これを買うのに、30分くらい並んじゃったよ」と、かわいく言ってもらえると、お礼が伝えやすくてありがたいくらいです。

大切にしているのは、自分がやっていないことに目を向けて感謝すること。

なかなか自分がやっていないことは、気づかないことが多いですからね。そこに目を向けることが大切だと思います。

もともと、予約してくれた人にお礼を言うのは、友達が「言われて嬉しかった」と言っていたからです。

すごく丁寧な男性がいて、「予約大変だったでしょう、ありがとね」というひと言をかけてくれたことをすごく喜んでいて。

素敵な習慣だな、と思い、それから私もお礼を伝えるようになりました。他人の良い習慣はどんどんマネしていきたいですよね。

レストランで良い対応をしてもらえたら、サーブしてくれる方にも、すぐにお礼を言うようにしています。料理もワインも本当に美味しければきちんと伝えます。

番組でも、差し入れでいただいたものがすごく美味しかったら、お店にハガキを書いて「美味しくいただきました」と伝えたりします。

別れ際の余韻がもたらす好印象は、次に会うときまで続きます。

ぜひ、「共感力」を込めて、別れ際に印象を残す方になってください。

出会いと別れの好循環が生まれると、あなたの人生が好転していくはずです。

ヒント32

ゴールは次への出会いのスタート。
最後まで共感力を生かしましょう。

おわりに

私はこれまで対談やインタビューなどで多くの方にお会いしてきました。
専門分野でのエキスパートや興味深い経験をおもちの方との対談は、門外漢の私は一から勉強しなければならず、結果として多くのことを学ぶ機会となりました。

学べば学ぶほど、私は何も知らないことがわかる。自分が無知であると知れば知るほど、私はより一層学びたくなる。

これはアインシュタインの言葉です。
お話をうかがった方たちは、同じ土俵では語れないような悩みや苦しみを経験し、人生の節目で深く考え、固定観念をもたず、自分をごまかさずに向き合っている方が多く、そして、それぞれの方を支えた大切な人の存在や貴重な言葉がありました。

こうしたインタビューや取材を通して私が知ったこと、気づかされたことを、みなさんと共有できればとの思いで本書を執筆しました。

ですが、私自身にあるのは、数々の失敗ばかり。

故郷での地方局時代で入社間もない頃のことです。潮風を感じながら福島浜通りの美しい海沿いを歩く、町のウォーキング大会がありました。そこで、ゴールしたばかりの親子連れにマイクを差し向けたときのこと。

私は、小学1年生の男の子に「楽しいですか?」と尋ねました。

すると、「楽しい……」というひと言だけで、話は終わってしまいました。

隣のお父さんはと見ると、時計を何度も見て落ち着かない様子。私はお父さんにお話をうかがわず、別の方にマイクを向けました。

ところが、夕方の他局のニュースでは、なんとそのお父さんが白い歯を見せながら嬉しそうにインタビューに答えていたのです。去年は子どもがギブアップしてしまったけど、今回初めてゴールできたんだ、と満面の笑みでした。

私はお父さんの思いを聞くことなく、その笑顔を引き出すことができませんでした。男の子から話を引き出すための言葉かけの技術が欠けていただけでなく、この親子の気持ちを想像し寄り添えなかったのです。

「なぜミスしたのか」「どうすれば防げたのか」「こういう場合はこうする」数々の失敗にふがいない思いをしながら、教訓として忘れないよう心がけてきました。そうした教訓を振り返り、みなさんにお伝えしようと思ったのが、本書のテーマである「共感力」です。

あたたかな笑顔で人気だった映画評論家の淀川長治さんの『私はまだかつて嫌いな人に逢ったことがない』（ＰＨＰ研究所）という一風変わったタイトルの本を読んで、とても驚いた覚えがあります。

嫌いな人に逢ったことがない。でも、この言葉の奥には「人を好きになることが、どんなに人を助けるか知っている」という意味があるのだと知りました。淀川さんは相手の良いところを見つけようと努めていたのです。

どうしても「苦手な人」は、いますよね、誰もが。

淀川さんのように、人を好きになるまではできなくても、相手の意外な個性に気づくことができれば、その人柄を身近に感じられます。

新たな一面を知ることで、苦手意識がやわらぐこともあります。コミュニケーションを充実させることで、人を好きになることもできます。

こういったことをひと言で表したのが、共感力でした。「サンデーモーニング」の打ち合わせで、司会の関口宏さんから何度となく言われている言葉があります。

「一つひとつのニュースのどこが面白いんだろう。そのニュースのヘソを探さないといけない。ヘソはどこだと。それがわかれば描き方は自然と見えてくる」

これは、ニュースの伝え方への姿勢ですが、日常のコミュニケーションにも置き換えられます。この人は何を話したいんだろう、何を聞いて欲しいんだろう。

そう、つまり「共感力」なのです。

会話、コミュニケーション、人生も、自然体で寄り添うことで円滑になります。共感力を高めて、共感力を生かして、豊かな人生を歩んでいきましょう。

唐橋ユミ

唐橋ユミ（からはし・ゆみ）

1974年10月22日、福島県喜多方市生まれ。フリーキャスター。1999年から5年間、テレビユー福島のアナウンサーとして活躍。その後、フリーとなり、TBS系「サンデーモーニング」、テレビ東京系「新shock感」、NHKラジオ第1「イチ押し　歌のパラダイス」、TOKYO FM「NOEVIR Color of Life」など、多方面のメディアにて精力的に活躍中。利き酒師の資格ももっている。著書に『わたしの空気のつくりかた 出すぎず、引きすぎず、現場を輝かせる仕事術』（徳間書店）がある。

デザイン　坂井栄一（坂井図案室）
構　　成　宮原香菜子
校　　正　月岡廣吉郎　安部千鶴子（美笑企画）
組　　版　キャップス
編　　集　苅部達矢

会話は共感力が9割
気持ちが楽になるコミュニケーションの教科書

第1刷　2020年10月31日

著　者　唐橋ユミ
発行者　小宮英行
発行所　株式会社徳間書店
〒141-8202　東京都品川区上大崎3-1-1目黒セントラルスクエア
電　話　編集（03）5403-4344／販売（049）293-5521
振　替　00140-0-44392
印　刷　株式会社廣済堂
製　本　ナショナル製本協同組合

ISBN978-4-19-865108-4